国富本土执行

U0678658

（第二版）

变革领导

基于执行力的卓越领导力修炼

周永亮／著

经济管理出版社
ECONOMY & MANAGEMENT PUBLISHING HOUSE

图书在版编目（CIP）数据

变革领导/周永亮著. —2版. —北京：经济管理出版社，2012.6
ISBN 978-7-5096-1951-3

Ⅰ．①变… Ⅱ．①周… Ⅲ．①企业领导学 Ⅳ．①F272.91

中国版本图书馆CIP数据核字(2012)第113827号

责任编辑：勇　生
责任印制：黄　铄
责任校对：超　凡

出版发行：经济管理出版社
　　　　　（北京市海淀区北蜂窝8号中雅大厦A座11层　100038）
网　　　址：www.E-mp.com.cn
电　·　话：(010)51915602
印　　　刷：三河市延风印装厂
经　　　销：新华书店
开　　　本：720mm×1000mm/16
印　　　张：14.25
字　　　数：209千字
版　　　次：2012年12月第2版　2012年12月第1次印刷
书　　　号：ISBN 978-7-5096-1951-3
定　　　价：29.80元

国富本土执行力操作实务丛书编委会

丛书顾问：

陈佳贵　中国社会科学院副院长

胡新欣　中国企业联合会副理事长

常修泽　国家发改委宏观经济研究院教授

丛书主编：

周永亮　国富创新管理咨询公司董事长、博士

李建立　国富创新管理咨询公司总裁、博士

编　委：

周春生　北京大学光华管理学院教授、博士

王　毅　清华大学经济管理学院副教授、博士后

史志钦　清华大学人文学院副教授、博士

周毕文　北京理工大学经济管理学院副教授、博士

郭凯军　英国利物浦 JM 商学院、博士

张　晓　北京电视台总编辑、博士

时建人　大连国富管理研究院院长、教授

薛　强　大连海事大学商学院教授

罗　立　深圳国富创新管理咨询公司总经理、教授

汪力成　华立集团董事长

夏礼诚　江苏宝胜集团董事长

茅忠群　宁波方太厨具总经理

郑　浩　浙江正达集团总裁

庄　杰　北京现代汽车副总经理

前　言

　　如果您是一位有心人的话，您会发现中国企业的目前环境似乎并不太好：

　　创造了大量富豪、积聚了巨大财富、近年来发展势头猛烈的房地产企业面临国家宏观调控的"数道金牌"，一批房地产富豪的纷纷落马和诸多房地产巨子资金链的断裂预示着行业生存环境和游戏规则在悄然改变着。

　　打造了中国首富、外国资本大举压境、利润越来越薄的商业零售企业尽管有国家政策的支持，但似乎钱越来越难挣，不断有中小零售企业被兼并，令更多的零售企业主不知所措。

　　被许多媒体甚至被政府视为"脊梁"的中国装备制造业的危机更加严重，不仅有徐工科技被并购引发强烈争议，其他的机械制造企业以及一些装备制造业的日子似乎也并不好过。

　　中国的高科技产业也不能幸免，虽然联想并购 IBM PC 后刚刚看到盈利的曙光，但质疑的声音并未停歇，中兴、华为等企业的海外攻略也遇到强敌阻击，网络企业的内乱及外战已经为大家熟知，就是连盛大这样的新贵也在尝试着突围。

　　如果再加软件、手机、电视、鞋子、农产品、音像视频产品等一个又一个行业被欧、美、日等国家地区和企业进行反倾销和知识产权起诉以及其他壁垒，这几年就更加显得险象环生了。

　　这究竟怎么了？

　　毋庸置疑，中国企业面监前所未有的危机。

　　如果仅仅是一个行业的问题，我们可以完全归结为政策的变化或者行业竞争的加剧。如果是一系列行业的变动，那就不仅仅是政策变化和行业竞争能够解释清楚的了。而今天这个危机与以往危机最大的不同在于，这是中国加入世界贸易组织（WTO）以来在全球化程度加深的状态下发生的企业生存方式危机，也是中国加入 WTO 以来的第一次资本大会战。如果不能对这样一种形势认识清楚，不少企业都可能不知道自己是如何消失的，这绝非耸人听闻。大家可以看看，几乎没有一个行业的竞争完全是国内资本的竞争，无论是零售、软件、娱乐、还是房地产、机械制造、钢铁、能源、手机，甚至农产品，哪个行业不是全球资本的角逐对象。这一危机的到来说明，中国企业需要新的战略思维，需要进行战略的创新，需要真正的企业变革。

如果说，变革是企业生存发展的基础，那么，对于变革的正确领导则是目前中国企业成长与发展的首要问题。许多企业家不是没有意识到危机的到来，也不是不想进行应对危机的变革，但是往往事与愿违，将心中理想的变革变成了失败的尝试，给企业带来难以弥补的伤害，甚至导致企业的消亡，其原因就在于对变革的领导力不足。所以，企业家必须掌握特殊的领导力，从而有效的实现变革管理。

周永亮

目　录

第一章 企业的核心成长力在于变革

要么变革，要么死亡

中国企业界的一系列事件表明，新时代已经来临。这是一个变动的时代，一个速度的时代，一个非标准的时代。在这个时代里，环境不确定性的加大、变化速度的加快、竞争激烈程度的加剧，使得企业不得不在动荡之中寻求变革。

在现实的经济生活中，很多公司在付出巨大的代价之后才认识到：市场的变幻使得他们必须适应这种持续的变化，必须采取种种措施来适应这种变化，因此，企业必须进行变革，企业的核心成长力在于变革。

第一节 变化的世界需要变革的企业

经济全球化既带来了更大的风险，也带来了更多的机遇。中国企业面对的不仅来自国内的竞争，而且还有来自国际的竞争。实际上，我国的企业已经不存在国内的竞争了，国内竞争全球化已经成为无可争辩的现实了！家电业、电信业、IT业、消费电子产品等的竞争态势就是最直接的说明，这就迫使我们的企业不仅要为提高竞争力和获得持续成功而进行变革，而且还要为企业的生存进行重大调整。

从 20 世纪 80 年代以来，企业的规模（scale）、速度（speed）和标准

（standard）三个要素都随着环境的变化发生了改变。一位国际知名的管理学者称之为"3S变革"，"3S"的变化也从根本上改变了企业的外部环境。

一、规模：从国内到全球

以前，企业最基本的地域单位是国家和地区。即使是最大的企业，它在不同的国家和地区也以不同的方式运作，似乎是互无关系的独立企业。到了20世纪90年代，信息技术的发展、国家经济交往的深化使得这一运营模式悄悄地发生了变化。现在，最基本的地域单位应该是全球了，这意味着任何企业都将有机会参与到全球化竞争中来，也就意味着企业必然面临着规模上的转变，即必须从国内市场转向全球市场。在20世纪80年代之前，我们的企业面对的是如何为国内市场提供产品，而现在要考虑如何与全球性的跨国公司争夺国内市场乃至全球市场。这一转变对企业的规模提出了新的要求。

在过去的几十年中，影响企业经营情况的世界政治、经济以及技术等方面发生了快速的变化。其中最为明显的就是全球化比任何其他变化来得都快，这些变化反过来又促进了企业全球化的进程。我们的企业必须深刻理解全球化的含义，并能够对这种变化趋势作出快速反应。

从当前来看，全球化进程体现了一定的模式化，体现出持续性和必然性。从企业的角度来看，20世纪80年代以来的20多年看起来更像是全球的市场经济和企业走向一体化的时期。在这个时期里，我们看到了企业之间大规模的兼并事件，例如，旅行者集团公司与美国花旗银行、埃克森与莫比尔石油公司、戴姆勒—奔驰公司与克莱斯勒公司等许多大公司之间的合并。对于中国的企业而言，要对这种变化趋势作出快速、及时而又正确、恰当的反应，抓住为数不多的市场机会，联想、TCL等企业的行为就是这种趋势的一种反应。但是，我们的企业必须设计一个系统的全球战略，绝不仅仅是"走出去"的概念能够涵盖的。

首先，要培养全球化战略的理念。

所有的行业都在发生着迅速的变化，出现了整合和集中。无论哪家企业，非常重要的一点就是，要关注相关行业的动向并把握成功竞争的因素。例如，在汽车行业里，国家之间较低的贸易壁垒和全球性生产能力过剩将促成更大的合并案。因此，汽车行业的大公司除了决定将产品分布、销售和服务控制在什么程度之外，还要决定怎样连接到网络或怎样建立他们自己的销售网络。

选择市场首先必须瞄准目标。从全球的角度看，全世界有 200 多个国家和地区，各个国家和地区的经济制度都不相同，其中，大约有 10% 的国家集中了全世界 95% 以上的消费市场。绝大多数跨国公司的成功之处在于他们能够认识到某种具体业务范围内的绝大部分市场机会是由 5% 的国家提供的，只要控制了这 5% 的市场，就能抓住大部分机遇，就能获得成功。而其他的 190 多个国家也在世界经济中起着重要作用，比如某些地区性的制造中心和分配中心也是公司全球发展战略的重要组成部分，但是他们不应该是发展战略的核心和重点，核心和重点应当是确认一些有限的国家和地区的一体化市场，只要能控制他们，就能创造出全球最高价值的企业。不过，我们的企业根据自身的实力与战略要选择适合于自己的目标市场，华为选择了全球 5% 国家的高端目标，而中兴通讯则走了"农村包围城市"的道路，从全球 5% 以外的国家找到了自己的消费市场。

我们的企业绝不能再把全球市场划分为中国和外国两部分，而应从全球化的制高点，重新思考市场的概念，把中国市场置于全球化的背景下进行观察，从而建立有效的全球化战略。

其次，要在全球化行动的关键问题上达成共识。

一是产品。企业的目标应该是生产的产品既要符合当地消费者的偏好，同时又可以进行标准化生产。从目前的市场情况来看，全球市场一体化已经开始逐步消除各地产品需求之间的差异，使之趋向一致。所以，大多数大型市场正在转向追求全球性的品牌、风格和产品。为这样的全球化市场开发产品，公司必须具备比较强的灵活性，才能满足广大消费者不同的偏好。与此同时，企业必须设法降低产品的复杂程度，简化生产制造过程中的存货管理和避免产品陈旧过时。为此，中兴通讯的海外工程师要花 50% 的时间与当地的客户进行交流与沟通，金蝶国际则根据当地的市场特点而不断调整产品的特点。

二是营销战略。消费者正逐渐意识到他们可以在全球性的产品中进行自由选择，同时也了解到要获得满意的商品和服务的渠道很多。在全球品牌战略中，品牌管理的所有要素都需要重新设计，包括销售渠道的选择、品牌认定、实施过程、种类管理和广告频率等。由于资本市场的效率提高和地区性货币的出现，一致性的定价管理也变得越来越重要。总之，市场营销活动要树立全球观念，顾客管理系统也要从全新的全球市场的角度去重新设计。

三是全球经营结构。国家和地区之间贸易壁垒和货币壁垒的减少，为全球一体化经营结构替代原来的以国家和地区为基础的组织结构创造了条件和机会。在绝大多数情况下，生产中心应该设在最终市场附近，以缩短产品的生产周期及对顾客嗜好变化作出及时反应。在全球范围内合理分配生产也有利于降低存货和改进生产资本管理的效率，达到缩短供应链和改善营运资金管理的目的。产品的供给与分配也应该在全球范围内进行设计，这样可使产品尽可能快捷、有效地从生产中心到达装配中心，最后到达最终消费者市场。大多数国际配送系统都是在贸易壁垒和外汇管制时期设计的，是为了与贸易保护主义环境相适应而拼凑起来的。而随着贸易壁垒的显著降低，大多数的供应、制造和配送系统都需要重新设计。只有这样，才能抓住市场机会，提高公司洞察全球市场的能力。

四是全球经营计划。对于大多数跨国公司来说，全球性经营计划必须强调资源的集中，对于那些走向全球化经营的中国企业而言，也需要适时的全球经营计划，而不仅仅是抱着"试试看"的态度跨出国门。全球化的战略目标不是通过逐个占领各个国家的全部产品市场以达到占领全球市场的目的，而是在全球范围内对某个领域的垄断，因此，这种经营计划必须有利于企业迅速地在目标市场上占据市场优势地位，并且把在这个国家的经营业务融入到公司的全球战略和管理框架中来。今天，有许多公司选择大规模兼并来达到这一目标。通过兼并，公司可以主宰某个领域，以此为基础来整合和控制全球市场，联想、TCL等一批中国企业的国际并购实践就是这样一种尝试。实施这样的经营计划，要求公司必须深入细致地分析和策划，公司的领导层必须意见一致。在全球化时代，为了控制市场和获取高收益，所采取的每一项变革活动规模都非常大，并伴随着高风险。

五是组织结构。过去，我国企业的全球化发展战略多是以中国为基础、以国外为延伸而制定的，这种战略往往是企业的组织结构并没有发生重大变化，只是设立一个海外部门或者设立专门的机构进行处理即可。但是，随着中国企业全球化战略的实施，这种传统的组织结构显然不能满足需求了，它必须以全球市场为基础、以全球化的产品以及经营为内容，建立全球化经营的组织结构。

总之，新的全球经济和技术环境促进了以控制全球市场为目标的真正的全球化发展战略的开发和实施。在全球化的市场环境中，全球战略是不可缺少的，这种战略的主要目标是致力于公司实现对某个领域的有效控制。这就需要企业在某些方面进行根本性的变革。这种变革的压力给管理者带来了巨大的压力，因为他们要了解世界经济的各个方面，又要开发适合企业发展的全球战略。与此同时，公司在开发以及实施全球性计划时，更要承受各种巨大的风险。

二、速度：从稳健到快速

比尔·盖茨说过："企业正以思想的速度运营。"曾经为了控制和预测而设计的组织，现在必须以光速去设计、实施新的战略和迎接技术的挑战。由于信息传递速度的加快，敏捷性和快速响应已成为企业的新能力。在 IBM 商业咨询事业部对全球 CEO 的一份调查报告中，很多 CEO 认为，速度作为先行者的优势，是竞争力的主要武器。

"我们必须维持迅速的实际回应"，一位 CEO 说，"'迅速'一词是关键所在；我们必须是市场上最先的一个用"。当调查者要求 CEO 指出下一年度的优先次序事项时，"迅速回应"是最优先的四个事项之一。对于 CEO 而言，以前要多个星期才能作出的决定，现在必须要在数天内作出决策。

在变革时代，发展缓慢的企业将走向末路，我们的企业必须改变稳健的步伐，代之以超越对手的速度获得快速发展，否则将在产业秩序调整中被淘汰。

在变革时代，我们发现很多知名的跨国公司曾经错失了在这个时代正在改变的事情，甚至会因此而遭到淘汰。然而，想要赶上就要花费更多的时间，这是因为他们在发展过程中没有及时调整发展的步伐，从而失去了发展的机会。众所周知，苹果电脑公司在 PC 机领域起步很早，但是没有快速发展该项业务，所以当 IBM 动用自己的全球销售能力支持 PC 时，IBM 迅速颠覆了苹果的领导地位；康柏没有能够及时地回应戴尔的挑战，结果难逃被兼并的命运。

世界是不连续变化的，一家公司如果在赛跑中错失了一个关键弯道，就有可能永远都追不上了。国内的很多企业就是因此而走向了衰落，看看北京中关村在 20 世纪 90 年代之前那些风云一时的知名企业今天在哪里，我们就明白了这个道理。

事实上，这样的例子很多。从中我们不难看出，这些原本实力相当或者是实力相差悬殊的公司，在变革时代抓住机会进行快速发展是多么的重要。在变革时代，抓住机会快速变革是必须要掌握的核心能力。恰恰是能否"快速"，才真正的决定了公司的市场地位，从而有可能颠覆产业教条，重塑新产业秩序。

当迈克尔·戴尔在 20 世纪 80 年代创建戴尔公司时，PC 领域内实力雄厚的公司有 IBM、康柏等知名大公司。短短 20 多年的时间，戴尔已然成为 PC 领域实力最强的公司，那么究竟是什么原因呢？分析其发展历史，我们发现戴尔的成功得益于快速发展，而快速发展又得益于其特有的业务经营模式——直销。

从 1992 年起，戴尔公司的销售总额年增长率一直高达 54%。研究表明，这种增长不是信息技术这个行业本身带来的，而是来自于企业内部，实现极速增长的原因是通过与客户直接建立联系而形成的一种新的业务经营模式——直销模式。同时戴尔也始终追求优质的产品和不断的创新变革，否则这种模式不会持续带来如此高速的增长。

通过这种不断的变革，戴尔公司不仅获得了大量的订单，而且加强了公司与客户之间的联系，并充分利用这种联系进一步扩展公司的业务。戴尔早期的主要销售对象是个人电脑用户。随后，戴尔公司不断开发这种销售模式的应用能力，并将其应用到更加复杂和需求量更大的企业电脑市场，到现在，戴尔公司有 2/3 的电脑销往了企业和政府。戴尔的另一项创新活动是在制造方面。公司还投入大量的时间和成本去改善采购、销售等方面的工作，使得企业的存货期限限制在 6 天以内，给"零存货管理"赋予了新的含义。

由此可以看出变革对于企业的重要性。正是由于对销售模式进行了不断的变革、进行扩展和改进，同时辅之以其他方面的变革，戴尔公司才获得了极速增长，成为今天 PC 市场中的佼佼者。

国内的许多企业似乎也意识到了"速度"的重要性，房地产领域顺驰的快速扩张、TCL 的大型并购等现象似乎成为"快鱼吃慢鱼"逻辑的体现者。

三、标准：从本地到世界

伴随着全球化而来的是信息处理和通信技术的爆炸性发展，信息处理和通信技术已经重塑了商业环境，特别是互联网技术的飞速发展。互联网的发展改变了个人的能力与组织和市场的动态。它以众所周知的"网速"创造了即时的全球性规模，显著地改变了"3S"，更为重要的是，它改变了除时间和地域外的所有市场标准。

在全球化时代，全世界的顾客都能享受到相同水平的世界级的服务和产品。激烈的竞争和顾客需求使每一个企业不得不激励自己朝着更高的目标前进，用全球化的标准来要求自己。正如澳大利亚一流的无线通信和微波通讯设备的设计者和供应商阔丹（Codan）公司首席执行官迈克·赫德所说："我们必须以世界级的标准来要求自己，并真正成为世界最好的。"

进入全球市场竞争后，中国的企业不得不用世界级的标准来要求自己，也只有这样，企业的产品和服务才能在全球市场中获得竞争优势，才能真正地走向世界。从某种角度来讲，这种标准不仅仅包含了企业在生产技术上的标准，也包含了企业产品质量上的标准，如 ISO 9000 标准，今天企业更加要接受对社会责任、社会道德标准的检验。中国企业经历了从最初用产品生产技术上的标准来进行生产的要求，到按照国际公认的质量标准进行生产的要求，今天，中国企业又再次面临着社会责任国际化的标准，如目前令国内企业较为迷茫的 SA 8000 标准。

当前，我们对标准谈的越来越多了，"标准"已经成为企业经营的一个基本条件，特别是技术标准、质量标准和安全标准，甚至责任标准。我们的企业如果不能吃透这些标准并充分运用，就可能被淘汰。

从规模、速度和标准三个方面看，企业的外部环境已经发生了巨大的变化（见表1-1）。面对这种变化，企业要进行变革，只有进行变革，企业才能在激烈的市场竞争中立于不败之地，获得长足的发展，才能"基业常青"。

表 1-1　企业外部环境的变化

要素	全球化竞争之前	全球化竞争	对企业的影响
规模	以本国为基础的有限范围	全球范围	竞争加剧
速度	稳定和线性	迅速和非线性	活动时间缩短
标准	本国的标准	世界级的标准	每个人从世界角度看待价值

第二节　企业为什么一定需要变革

10多年前，我们的企业界谈论的也许是哪些企业进行了变革，哪些企业没有变革，而且仅仅指的是股份制改造。今天，可以肯定地说，没有哪一家企业不在寻求变革，而且变革的含义已经远远超越了股份制改革的范畴，意味着企业在组织和战略方面的不断变革。变革已经成为企业的时代特征。这是为什么呢？为什么企业一定要不断进行变革呢？

一、市场规则的变化导致企业利润模式发生了变化

"游戏规则已经发生了变化"，这是很多企业界人士发出的感慨。随着

市场环境发生的变化，市场规则也在不断地变化。以往非常好用的市场规则突然失去了效力。

2002年10月，当时我与创维集团董事局主席黄宏生在讨论人力资本问题的时候，他说了一句令人深思的话：过去，我们家电行业是"烟搭桥，酒开路，最后红包解决问题"，现在面对客户，这些招数失灵了，中国已经进入了模式营销时代。实际上，这表明市场的游戏规则已经发生了变化。

再如，格兰仕通过价格战夺得市场份额头把交椅之后，其利润总额却并没有显著的增长。究竟是什么原因造成了这种现象呢？经过长期的观察、研究发现，由于整个市场环境的改变，导致市场规则发生了改变。

市场规则的变化必然导致企业利润模式发生相应的变化。企业一定要适应这种变化，必须不断地进行变革，突破原先的利润模式，代之以新的利润模式。在以客户为中心的今天，利润的产生伴随的是具有最好的经营模式的企业，即要有创新的企业设计。最重要的是，创新的利润模式也必须不断地进行更新，因为企业的客户每天都在发生变化，如不及时对自己的企业设计进行更新，那么企业的利润流失是在所难免的。在这种竞争形势下，企业应该走出传统的利润模式，切实地建立适合今天客户需求的新利润模式。

长期以来，方太厨具一直选择经销商模式，即不仅在全国建立自己的营销网络，在各个省成立分公司，设立自己的经销商，而且加强与各大连锁企业如国美、苏宁电器等企业的业务联系，扩大其产品的市场份额。因此，自2003年以来，随着大型专业连锁企业如国美、苏宁等在整个家电市场中占有的份额大幅度提高，其地位也直线上升。据商务部2004年公布的全国商业连锁30强名单中，国美以178亿元的年销售额位列第三，在家电零售领域排名第一；苏宁、永乐等其他连锁企业的销售业绩也非常可观，紧随其后。很明显，国美、苏宁等渠道商已经成为市场上一支非常重要的力量，从而在与厂商的合作中拥有越来越多的"话语权"。作为小家电知名品牌厂商的方太厨具，在产品销售上自然也离不开这些大的连锁商，截至2003年年底，国美等大型家电零售商的销售额在方太厨具销售收入中已经占据了举足轻重的位置。当 2003 年国美（南方某店）提出高额"返点"的时候，方太厨具考虑到自身的品牌定位和销售策略，拒绝与其合作，结果当年方太厨具的销售业绩受到了重大影响，损失了近 50 万元的利润。

面对这种变化，年轻的方太厨具总经理茅忠群意识到，市场规则发生了变化，他在与作者的谈话中说："各个厂商对连锁销售商的态度需要有一个转变的过程，但谁能尽早地转变，谁就能尽早地赢得市场先机。"

其实，无论是格力空调与成都国美的纷争，还是方太厨具与国美的矛盾，我们从中都可以看出，这种纷争的根源不仅仅在于销售模式的选择，而且还在于市场规则的变化。在国美、苏宁等家电连锁商出现之前，中国家电销售的主要渠道就是各地的百货商场和厂家自己建立的各级销售公司，而今天大的家电连锁商已经取代了后者，前者制胜的法宝正是通过直接从厂家大批量采购，取得比较低的进货价，再以较低的零售价卖给顾客，从而赢得市场。

"得渠道者得天下"。对于生产厂家来说，谁都不会否认这一点。我们看到海尔在较早的时候也是采用经销代理制模式，视国美为异端渠道，是扰乱其全国价格体系的不安全因素。现在，海尔已然放下"大哥"的架子，迅速改变，成立了直接面对国美的大客户部，开始与国美、苏宁等连锁企业展开紧密、大规模的合作，与这些企业的单子也越做越大，例如，2005 年海尔在国美的销量超过了 15 亿元。而格力虽然不和国美直接合作，但其各地的代理商却代表格力与国美合作，就在和国美谈判失败后，又和苏宁洽谈，因为这些大连锁商能解决自己解决不了的问题——大城市的市场份额。

在对这些情况有了深入的了解之后，方太再次牵手国美，加强了与国美的业务合作。对此，茅忠群认为：当前国美的销售额已经占到其销售总额的近 30%，因此，方太是不会轻易放弃国美这样的大客户的。对于市场发生的这些变化，我们必须去适应这种变化，而不是去改变，我们唯一要改变的就是我们自己，不仅要改革旧的思考方式、旧的利润模式，更要塑造新的利润模式。因为我们看到与这些大连锁商合作，不仅确保了方太产品的销售数量和企业的利润，而且稳固了方太的品牌形象，不会由于渠道的更替而损害自己的品牌形象。

二、战略策略调整导致企业组织模式变化

外部经营环境不断地发生变化，使中国企业面临着挑战，必须对战略作出相应的调整和改变，以使企业在激烈的市场竞争中赢得胜利。

根据美国著名的企业史学家 A.钱德勒的观点，一个企业进行战略调整，必然伴随着组织模式的变化，因为企业在战略调整的过程中，会引起企业内部各个层面的变化，特别是资源整合方式的变化，因而需要企业整个系统的变革，这些系统包括企业治理结构和组织系统、产品与市场系统、人力资源与文化以及财务与资本等。

钱德勒的研究结果表明，决定企业战略实施成功的最主要因素只有一个，即管理者的组织能力，而这种能力的体现形式就是组织结构模式。可以说，组织是战略进行的保证，是战略的执行系统。

组织是指企业的内部运行机制、结构优化、权责分配及组织控制系统的设计等。组织支撑不是简单地画一幅组织结构图，而是基于战略研究组织的定位、组织的结构、组织内部运行的游戏规则、组织的权利和利益分配体系以及组织的业务流程等问题。战略的变化与调整必定会引起现有组织模式的不适应，如果不进行有效调整，组织缺陷必然导致战略目标难以实现。因此，当企业的战略发生变化和调整以后，企业原有的组织结构和权责结构必须调整，既得利益结构必须打破，业务流程体系必须梳理，企业的管理控制规则与体系必须确立。如果企业及时地对组织模式进行了调整，那么企业的战略无疑将得到保障，否则，再好的战略也只能成为一场美梦。在此，我们分析一下康柏直销失败的例子。

众所周知，戴尔的销售方式是直销，并且取得了很大成功，每年的销售增长率保持在 30%以上。戴尔的成功引起了其主要竞争对手——康柏公司的兴趣。康柏的决策层认为，康柏拥有强大的销售网络，实行直销不过是把企业客户和大客户的管理独立出来直接销售而已，于是，康柏也开始

采用直销模式，对许多大客户采取按单定制生产的方式。但不幸的是，康柏直销失败了，公司也因此经历了一场大灾难，其根本原因在于二者的组织模式不同。

康柏最早采用的是经销商、代理商销售的方式，而且是美国电脑制造商中最强大的经销网络，其组织模式是典型的制造商内部层级制和经销商管理体系，而戴尔一开始就采用的是直销模式，其相应的组织模式也是与之适应的流程化、扁平式组织模式，直接面对客户。当康柏开始运用直销模式并直接面对大客户的时候，康柏体制的既得利益者和经销商极力反对，内部流程无法适应新战略，管理者无法适应新管理方式，经销商纷纷背离，结果，康柏的组织模式成了不伦不类的东西，无法充分发挥作用。

可见，战略的变化与调整必然会导致组织模式的改变，只有对组织模式进行相应的调整和变革，才能保证新战略的执行。康柏的失败就在于其组织模式不能适应新竞争战略的实行，不同竞争方式是不能彼此兼容的，需要不同组织模式的配合，而简单的模仿，就像康柏一样，不仅不能带来根本的转变，反而会将自身的优势侵蚀掉。从这个角度讲，企业在进行学习的时候，不能仅停留在这些模范企业的表面和形式上，更要看到支撑它发展的一些更有价值的潜在的东西。

实际上，国内的许多企业更加典型。

有一家生产床上用品的家纺企业，其经营规模在国内名列前茅，2003年，该企业推出了快速扩张的新战略，具体的战略措施是大规模发展加盟连锁店，在1年左右的时间内，其连锁店增加到500多家，销售收入的增长速度超过了100%。然而，其利润却呈现出大幅度下滑的现象，几乎出现亏损。这种巨大的反差令企业的决策者震惊。

当国富管理咨询专家为这家企业进行诊断的时候发现，出现反差的主要原因在于发展战略实施与组织模式拖后的矛盾，一方面，在企业迅速发展连锁店的同时，其连锁店管理体系并没有建立起来，以至于客户信息和市场信息的收集与处理出现了非常混乱的局面，信息管理机构竟然有四个以上，没有一家进行系统地管理和分析，导致加盟连锁店管理失控和关键业务信息渠道混乱；另一方面，在迅速发展加盟连锁店的同时，没有对供应链和价值链进行有效整合和优化，仍然采取了原先的业务流程管理体系，导致产品供应链效率非常低下。此外，这家企业的总部在一个城市，但是生产基地在距离总部200公里左右的另外一个城市，其本来的战略意图是利用总部所在城市的信息优势和人才优势，形成新的以总部为龙头、以生产基地为依托的经营格局，但由于在实际经营中没有对二者的定位以及相应的组织体系进行调整，导致两地在工作中不断扯皮，严重影响了公司的管理能力，牵扯了最高管理者太多的精力，却造成了管理的低效。

三、战略发展阶段的变化导致治理模式的变化

从企业的发展历程看，企业的战略发展阶段不同，治理模式的要求也是不一样的。处于初创时期的民营企业往往是简单的治理模式，那就是"一个人说了算"，决策方式简单之极，核心人物碰碰头就可以决定一件对于公司发展至关重要的大事，机构设置也几乎是少得可怜，股东会议、董事会的运作也是简单的。这就是20世纪90年代初一个咨询专家在当时的联想看到的"极度混乱"状态，也是我们在几乎所有民营企业都能看到的"乱得不得了"，但企业不断发展的令人迷惑不解的现象。

但是，随着企业的成长，经营规模以及内涵都必将发生重大变化，创业阶段的治理模式显然无法满足发展阶段的需求，用《中国企业家》杂志社社长刘东华先生的话说，就是应该"感觉格式化、标准化"，从而形成新阶段的行为标准。

实际上，这就是所谓的治理模式。

用标准的学术语言来说，公司治理有广义和狭义之分。狭义的公司治理是指所有者（主要是股东）对经营者的一种监督约束机制。其主要特点是通过股东大会、董事会、监事会及管理层所构成的公司治理结构的内部治理，即法人治理结构。本书中所讲的公司治理是狭义上的公司治理，即公司内部治理。

作者认为，公司治理模式主要解决两类管理问题：一是决策者的决策模式问题；二是管理者的激励约束机制。一个企业成长到一定阶段，如果

仍然延续以往阶段的决策方式与激励约束机制，可能会导致一系列严重问题，甚至导致企业垮台，乃至"制造经济罪犯"。

20世纪初，亨利·福特因大批量流水线生产、单一品牌、单一产品模式而催生了美国乃至世界汽车制造业的诞生，福特汽车成为汽车行业的霸主。当时福特汽车公司的绝大部分股权集中在福特手上，公司内部几乎没有任何管理部门，福特就是公司的厂长，直接面对车间主任，福特的权威是不可动摇的。

与此同时，由29家厂商联合组成的通用汽车公司在阿尔弗莱德·斯隆的领导下，采取了多品牌、多品种的经营模式，并不断蚕食福特的市场。福特汽车公司的许多人都意识到了问题的严重性，但是亨利·福特仍然沉醉于单一车型的成功之中。他的儿子爱德赛尔·福特多次提醒父亲进行变革，亨利始终不同意。有一次，爱德赛尔以为获得了父亲的默许，开始研制代表先进潮流的6缸引擎。6个月后，就在他和总工程师准备试车时，他们接到了亨利的电话，说是他刚刚安装了一条专门运送废品的传送带，请他们一起去看看。到了现场一看，他们两人大吃一惊，传送带送上废品堆的第一件废料，竟是他们辛辛苦苦试制了6个月、即将试车的6缸马达，老福特看着几乎惊呆了的儿子和总工程师说："现在你们搞懂了没有？要在我这里搞什么新花样，永远休想！"

正是这种压制，福特汽车公司的创新消失了，即使在后来老福特不得不重新考虑6缸马达的时候，通用已经远远把福特甩在了后面，福特汽车公司几乎破产，如果不是第二次世界大战爆发而出现政府订单的话，福特汽车公司的历史恐怕会就此画上句号。

这种局面的出现与公司的治理模式相关。当时，亨利·福特个人对公司拥有绝对的控制权。这种制度在创业期间确保了指挥系统的号令有效、执行到位，但内部没有一个能够制约老福特的治理机制，他作出决策的随意性很大，一把手的决策错误几乎无法改正。

国内著名民营企业德隆集团的危机同样给了我们一个警醒。

2004年德隆的危机引起了众多学者专家对它的研究，当然更引起了我们的关注，因为自2001年年初与德隆集团因为项目研究而建立了合作关系后，我一直对德隆集团抱有莫名其妙的好感，与唐万里先生的几次会面与交谈也给我留下了很深的印象。

德隆自 1992 年迅速成长，12 年形成了 220 亿元的资产规模，控制资产超过了 1200 亿元人民币，创造了一个经营的奇迹。然而，2004 年，这家中国资本规模最大的民营产业集团陷入了空前的财务危机，并引发了严重的信任危机，在短短两个月的时间内土崩瓦解，迅速解体了。

纵观德隆飞速膨胀的历史，我们发现，其奉行的"产业整合"的全部运作都是围绕着"融资——并购新的强大的融资平台（增发、担保、抵押、质押、信用）——再融资进行更大的并购（产业整合）"的螺旋式循环模式进行的。德隆国际战略投资有限公司首席执行官唐万新说："德隆的理念很简单，就是借助中国资本市场的力量，对没有形成高度垄断的行业进行市场重组。"我们的研究人员将德隆的资本运营归纳为三大特征：一是充分利用财务杠杆进行广泛融资；二是利用强大的融资能力通过股票市场以股权转让方式连续并购上市公司；三是以并购后的上市公司为核心充分发挥其强有力的融资功能，对其所在的传统产业进行全球范围的大规模整合，形成强大的战略投资体系。

但我们发现，德隆的产业整合战略在现实中演化为急功近利的短期行为，飞快的扩张速度使得德隆根本无法踏踏实实地做好一个企业。最严重的是，其扩张战略服从于整体战略的几项要求都没有能够体现，呈现出规模失控、不择手段地缓解短线资金饥渴的局面，一旦德隆的信用出现问题，资金链就会戛然而止，形成崩盘局面。笔者认为，德隆之所以出现令人慨叹的如此局面，除了战略方面的问题外，公司实质的治理结构是促成危机的深层原因：一是决策机构职能缺失。在德隆集团，最高层有董事局，各子公司有董事会，核心还有执行委员会，但是，无论董事局、董事会，还是执委会，都没有能够有效地起到监督、保障其内部控制政策与程序有效运行的责任，实际上还是由唐万新一个人说了算。二是监事会和相关内控机构均未能发挥应尽的责任，对财务监督管理不利。监事会的职能在于加强对出资人的外部监督，这关系到资本的保值增值及公司价值最大化的实现，以审计监察为责任的内控体制已经设立，并且有一大批专业的会计师和律师为德隆工作，然而，这些监管机构均没有起到相应的作用，一位原德隆中层干部说，甚至出现许多中高层管理者长期以借款名义常年不报销而达到占有公司资金的目的。三是风险防范机制缺失。早有不少学者指出德隆的经营存在的风险，但是德隆的财务预警、风险防范和危机处理机制极度缺乏，以至于到 2004 年 4 月的时候，公司最高层对已经陷入的危机仍然有盲目乐观的姿态，认为"最惨也就是把股权低价套现还债主的钱"。

通过这个案例的分析，我们可以看出，德隆集团的治理结构对于确保公司早期的成功功不可没，但是却没有与时俱进地进行调整，反而变本加厉，最终走上了不归路。

四、阶段目标变迁导致人力资本变化

人已经成为企业最重要的资本，但是随着企业的发展以及阶段性目标的变化，导致企业对人才需求的相应变化，从而引起企业对人力资本结构的相应调整，企业必然需要对人力资本进行重新定位。比如，在初创时期，中国的许多企业都依靠一些奉献精神很强、专业能力相对较弱、志同道合的创业者形成了初期的辉煌，但是，随着企业规模的扩大以及经营内容的变化，企业更需要专业能力很强的人才，与此不符的是，他们往往缺乏创业者那样勇于奉献的精神，可能对自己的待遇比较敏感，从而引发了新人与老人的矛盾，在我接触的企业中，从宁波方太、浙江华立，到联想集团，均不同程度地出现过这样的问题。

企业元老多是在企业发展初期就伴随着企业的成长，他们将全部青春和热情都献给了这个企业，并且在企业发展过程中发挥了重要的作用。但是随着时代的发展和技术的进步，这些元老所掌握的管理知识、技术知识以及精力等难以应对新的形势和岗位，因此必须引入新的人才，给企业注入新生力量。

对于那些在企业发展初期有功但又不能适应企业现在和未来发展的企业元老，应妥善进行利益安排，如采取给予股份等形式，切忌以安排不合适的工作岗位给予工资的形式进行利益安排。元老们在企业中工作了几十年，有着很大的影响力和号召力，如果他们的利益得不到满足，势必造成企业发展变革过程中的一股阻碍力量。因此，必须对企业元老进行妥善安置，让他们顺利退位，确保企业未来成功的发展。我国不少企业都进行了有益的探索，并取得了不少经验。如宁波方太厨具处理元老的问题时，就采用了给予股份的方式，同时采用公司与元老共同出资的方式，成立新企业作为本公司的配套企业，帮助元老在离开公司后开展新的事业；华立集团采取持股和加入员工基金会形式解决了元老的利益问题；新奥集团的王玉锁则对创业元老给予了很高的荣誉。

实际上，企业对人力资本需求的变化不仅仅限于元老与后人的关系，其阶段性目标的变化必然导致对人力资本认识与需求的变化。

以方太厨具为例：其在1995年创业时，公司最需要的是熟悉厨具制造特别是油烟机制造技术的人才和市场营销人才，随着公司的发展，方太立志成为一家"受人尊敬的国际一流企业"。怎样成为国际一流的企业，茅忠群的讲法干净利索："首先是人才队伍特别是关键人才是国际一流的。"但是，依靠普通的国内经理人无法完成这一使命，必须是了解国际管理理念的人才行，可目前方太的规模和经营方式以及目前的市场很难使用特别高端的国际人才，比如唐骏、李汉生等，而且也不需要特别高端的国际性人才，因为毕竟方太厨具的主要市场在国内。但是，茅忠群认为，必须从现在起培育干部队伍的国际视野。如何培养呢？茅忠群的做法也很干净利索：从跨国公司中"挖"那些拥有国际视野、熟悉国际管理规则的华人管理者。他们既熟悉国际规则与惯例，拥有国际意识，又是华人，比较容易沟通，而且比那些特别高端的国际人才更适合方太目前的规模。这些引进的人才既能把国际管理理念输入方太，为方太培育一支拥有国际经营理念的队伍，又不会因"水土不服"而发生方正数码那样的"李汉生事件"和TCL那样的"吴士宏风波"。从某种意义上讲，这批被茅忠群引进的"多国部队"肩负着将方太厨具管理队伍带向国际化意识的使命，也是方太走向国际化的"桥梁"。

从现在看，方太已经拥有了来自西门子、可口可乐、宝洁、三星等数十家跨国公司的数十名高级管理人员，而且几年过去了，他们没有人离开，反而是越来越多，例如，仅宝洁一个公司就来了三个人。

五、成长转型导致领导方式的变化

三星中国公司总裁李亨道将"转型"与"成长"结合起来，说明了转型是企业的一种再生、优化的促进力量。企业成长是通过不断的转型完成的，企业转型是在不断抛弃自我中完成的，在新的成长阶段必然需要领导方式的重新定位，其内在的原因就是原先的领导方式已经不适合企业的发展了，甚至是开始阻碍、制约企业的发展，而客观环境也要求企业领袖必须强化自身的适应能力：

不换领导者，领导者就换脑！

为什么像亨利·福特、罗德·凯宁这些曾经成就了具有划时代意义的生产方式改革和产品创新的能人、强人、改革家，在新一轮变革面前，会成为他们自己的企业进一步成长的绊脚石。亨利·福特和罗德·凯宁都是他们自己的企业的大股东，搞好企业是他们的根本利益之所在，他们为什么会坚持错误、抵制改革呢。分析其深层次的原因，是由于企业家的思维方式和企业的决策机制问题。这种原先非常优秀的领导人物从事物发展的动力变为阻力的现象，在管理实践上并不罕见，在中国企业成长过程中，类似的现象更是层出不穷。"企业家生命周期"理论对此提供了解释。

该理论从总裁认知模式的角度对这种现象进行了分析和阐释。每个总裁的认知模式都有一个从发展形成到固定强化、从模糊到明确、从试探摸索到坚信不移的发展过程，最初是作为一种外在的工具手段而逐渐形成，发展到最后，则进入炉火纯青、溶化在血液中而浑然不觉的自觉状态。

总裁对自己这种基本认知模式的相信程度是一个随着任期长短而变化的因素。一般来说，每个总裁对自己的认知模式的有效性的相信程度有一种周期性的变化：

（1）开始一般比较强，可以说是中等程度的"自以为是"，新官上任之初的"三把火"一般是按照自己的认知模式进行的；

（2）然后是一段"上下求索"的试验探索期，总裁对自己的基本模式在新企业或者对于刚刚升任总裁的经理人员来说，则是对原有模式在总裁这一新岗位上应用的实际效果，这里会有一个反思过程，会根据实际使用效果对模式进行微调；

（3）第三阶段是在这些经过初步实践和反思调整的基础上，渐渐形成自己的独特管理风格。这种风格，在联想集团的柳传志是"小公司做事，大公司做人"；在希望集团的刘永好是"顺应潮流，超前半步"；在海尔集团的张瑞敏则是"企业内部模仿市场"，等等。

然而，随着总裁在位时间的延长，上下级员工对总裁特有的认知模式产生了不断强化的预期心理，这种风格渐渐定型并刚化，成为这些总裁各自最突出的行为特征，直至最后僵化成企业成长转型的阻碍。因此，就有必要更换企业的领导，对领导方式重新进行定位。

美国学者库克曾提出一种被称作"人才创造周期"的理论。他认为，人才的创造力在某一工作岗位上呈现出一个由低到高，到达巅峰后又逐渐衰落的过程。库克认为，在衰退期到来之前适时变换工作岗位，便能发挥人才的最佳效益。

美国著名企业家、前克莱斯勒汽车公司总裁亚科卡就曾两次被免职。第一次是在福特汽车公司，他已经升至总经理的位置，却被免职。福特公司的决策者认为，亚科卡在总经理的位置上时间太长，继续下去弊多利少。第二次是在克莱斯勒公司，亚科卡 1978 年任职于克莱斯勒公司，仅用 3 年时间就将公司从破产边缘挽救过来，创造了光彩照人的业绩，但时至 1989 年，即相隔 7 年后，公司再度出现亏损，进而陷入困境，亚科卡从福特带到克莱斯勒公司的几员干将相继离去，员工对公司管理产生不满，纷纷跳槽，亚科卡回天无力，最终被迫下台。

从客观上分析，亚科卡的失败有多方面的原因，美国多个大汽车公司都出现过巨额亏损，但从亚科卡跌落的轨迹中可以发现，他缺乏创新意识和进取精神，其领导方式不再适合企业的发展，不能带领企业在转型中成长。

2004 年 7 月，四川长虹换帅风波闹得沸沸扬扬，我们从中看到了什么——领导方式的变革。

在《哈佛商业评论》中文版一篇关于"中国企业领导人素描"的调查中，研究者用聚类分析的方法，将领导者分为四种类型：先进型领导、成长型领导、权威型领导和隐匿型领导。倪润峰显然属于"权威型领导"——由领导者发号施令，追随者遵照执行。这是中国企业界最常见的"家长型领导"，如果规则明确并且一视同仁，这样的管理也能够发挥效力。

但"权威型领导"也有着不少致命的弱点。一个事实是，对游戏规则的藐视把喜欢冒险的领导者送上一条麻烦的斜坡。倪润峰曾多次破坏游戏规则，事实上，有不少领导者认为，打破游戏规则不仅是获得成功的必要手段，而且事实上也是一种创造性行为。一些研究表明，这些想打破规则以达到目的的领导者，常常对那些遵守游戏规则的人不屑一顾。

我们看到，在倪润峰于2001年重新掌控长虹以后，尽管采取了大范围降价、推出精显王背投彩电、为长虹的"大企业病"开出药方这三项措施，但并没有扭转长虹走下坡路的趋势。此时价格策略已经不是重点，长虹试图以技术再造差异化战略，但相对于海尔、TCL在国际化、多元化上大刀阔斧的改革，长虹的差异化并不明显。而与此同时，家电业的游戏规则正在发生天翻地覆的变化，这一改变的核心就是超越家电范畴，而瞄准一个新的方向——计算机（Computer）、通信（Communication）和消费电子产品（Consumer Electronics）的3C融合。面对这种改变，长虹不如一些后起之秀如海信、夏新果断和大胆。

2004年5月底，备受社会各界关注的"2004年（第18届）电子信息百强企业"正式揭晓。海尔集团公司以实现年营业收入806亿元蝉联电子信息百强企业冠军，TCL集团股份有限公司以382亿元名列第三，而四川长虹电子集团有限公司则以158亿元名列十二。而在"1998年电子信息百强企业"名单上，四川长虹电子集团公司排名第一，TCL集团公司则排名第十。

数字表明长虹在倪润峰复出后并没有能获得长足的发展，没能成功地实现成长转型。此次换帅表明了倪润峰这种"权威型"的领导方式已经不再适合企业的发展，长虹要获得新生，需要不同的领导方式，需要对领导方式进行重新定位。新帅赵勇能否将长虹推向新的彼岸，这要看他的领导方式能否适应新的内外环境。

第三节 变革成功取决于领导力

一、变革领袖的特殊能力

内外部形势的不断变化以及生存和发展的双重压力，使企业必须不断应对重大的战略性变革。

但现实是：绝大部分经过精心设计的战略性变革或者无法真正展开，或者虎头蛇尾，或者干脆壮烈牺牲。缘由何在？其根本原因是缺乏变革领导力，不能真正地将变革执行下去。我们总是期望一切都按照既定的计划执行，不愿意看到意外发生，可是，残酷的现实却总是与我们过不去，给我们制造了无数次的意外，如果失败，我们就会找到非常正确的客观理由进行解脱。然而，我们的研究发现，这类不断出现的意外实际上是企业经营的常态。一位资深的研究者甚至认为，企业领导者可能每两三个月就会经历一次某种危机。从定义上说，"危机"完全是突如其来的，出人意料之外，完全没有预警，没有准备的机会。此时正是你展示领导素质的时候。

基于此，美国著名管理大师彼得·德鲁克一针见血地指出：

> 领导者的生活中唯一不可避免的就是反复出现的危机！

变革是一个充满了不确定性的过程，因此，也是最容易出现危机的过程。优秀的领导者在推动变革过程中遇到意外危机或形势危险时，总是能够发挥出最好的作用，这就是一种特殊的领导力——变革领导力。

变革领导是领导者在变革过程中能够迅速对形势作出判断，并找到适宜的问题解决方法，激发追随者的热情。

1978 年，管理学者伯恩斯首先提出"变革型领导"的概念，指出这是一种通过提倡某种价值观，通过下级自觉接受某种价值观而影响下级的领导理论。1985 年，巴斯将伯恩斯的理论进一步深化，他认为，变革领导的主要特征包括"四个 I"。

一是理想化的影响（Idealized influence）：领导者具有令下属心悦诚服的特质或行为，因而成为被下属崇拜学习的理想对象，下属心甘情愿遵照其指令完成任务。变革型领导在领导员工时，以伦理和道德为准则，与下属共同分担风险，考虑下属的需求胜过自己的需求。他们还向下属提供思想观念，解释任务的意义，引发自豪感，由此获得下属的钦佩、尊重与信任。下属对领导怀有强烈的认同，领导者与追随者之间存在深厚的情感关系。

二是心理的鼓舞（Inspirational motivation）：变革型领导善于激发员工的工作动机。通过为下属提供有意义且富于挑战性的工作，明确告诉对下属的工作期望，展示对企业总体目标的承诺，采取积极和乐观的工作态度等方式。变革型领导充分调动员工的工作积极性，使员工在乐观与希望中瞻望未来的发展，并因之产生强烈的向心力和团队精神。领导者善于用简单方式表达重要含义，包括使用一些强有力的象征以增加说服力。

三是才智的启发（Intellectual stimulation）：即不断用新观念、新手段和新方法对下属进行挑战。变革型领导认为，员工能力的发挥是组织发展的关键，所以他们鼓励下属采用全新的思想和革新性的方法解决问题。他们提出新主意，从下属那里得到创造性的回应，通过问题假设和挑战自我，使员工的创造力获得积累。

四是个性化的关怀（Individualized considerations）：即给下属以个别的关心，区别性地对待每一个员工，提供培育和指导，赋予他们责任，使其觉得深受重视而更加努力。变革型领导注意听取下属的心声，尤其关注下属的成就和成长需求。针对员工的能力、个性等个别差异，领导者充当教练角色，促进员工的思想与行为的改变。

看来，变革时期需要特殊的领导力，需要特殊的领袖引导。

二、变革中的领导力体现

在企业实施变革时，领导人最关键的是首先打破长期以来形成的各种阻碍变革的思维桎梏，即所谓"脑障"，如视而不见（看不到变革的需要）；知而不行（看到需要，但不愿采取行动）；行而不达（行动了，但不深入，变革往往不能达到目标）。

变革，首先促使实现"人"的转变。在有了以上的变革基础以后，领导人需要应用一些方法和技巧来推动变革的执行，许多企业变革不成功，重要的一点是缺乏变革时期的特殊领导力，尤其是在中国企业的特殊环境中。

联想集团能够成长到今天的规模，不能说不与柳传志的变革领导能力有关。从成长历史看，联想经历了数次重大危机，其中有产品危机、人事危机、法律危机、资金危机等，每一次都可能将联想置于死地，但联想最终能够化险为夷，柳传志表现出了超常的耐力和对中国特定环境的适应。2005 年，对 IBM PC 的并购应该是联想又一次重大变革，如果成功了，联想将迅速跨入世界 500 强之列，并成为世界 IT 行业名列前茅的超大型企业；如果不能成功，联想虽然可以在短期享受世界 500 强的称号，但这次变革非常可能将联想拖入一个空前的泥潭而致命。笔者认为，联想是否能够成功转型并不取决于人们普遍认为的 PC 市场走势和文化整合，这是个动态的过程，是一次世纪赌局！赌局成败最核心也是最重要的要素是考验柳传志以及杨元庆的超常领导力！

当年李汉生在方正数码进行变革的失败已经给我们提供了太多的反思机会。

在 1999 年 4 月"空降"至方正集团之前，李汉生是惠普中国公司的高层管理者，而他在方正电子的"使命"就是迅速改变方正电子的亏损情况并为公司指出一条明确的产业路线，同时对公司原来的文化进行变革。

李汉生到了方正电子后表现出了坚强的改革意志和大刀阔斧的改革力度，不仅对副总裁以下全部中高层管理者进行了大换血，而且对于那些不能创造经济效益却在吞噬公司资源的研发部门和事业部进行了清理。应该说，李汉生对问题的判断是非常准确的，他找到了问题的症结，而且做法是果断的，但是他忽视了中国本土企业复杂的人际关系和特定人事问题的关键影响，此次变革不仅触动了很多关键人物的利益，而且让大多数人感到不安，同时也使得他自己受到了孤立，获得了一个"刀斧手"的绰号，引发大面积的人事地震，最终无法使变革得以进行，最后他自己也只好"挂靴"而去。

如果李汉生入局伊始，能够在公司内部建立起团结大多数人的利益联盟，激发大多数员工的变革参与热情，在战略布局上变革最关键的环节，层层递进，逐步改革，结果可能会更加有利。

看来，正确的出发点不一定会有一个正确的结果。变革领导力要求正确的出发点需要合理的领导素质和合理的变革策略。

第二章 变革领导的核心要素

管理产生秩序，领导推动变革

第一节 变革领导的误读

既然很多企业变革失败的原因是缺乏变革领导力，而企业变革进程的成功取决于变革领导力。那么究竟什么是领导？什么是变革领导？变革领导和变革管理有哪些区别？

一、领导和管理

最常见的一种现象是，很多人将领导和管理混淆，认为领导即管理、管理即领导。事实上，领导和管理之间是既密不可分，又有着很大的差别。

在沃伦·本尼斯和波特·纳努斯合著的领导学名著《领导者》一书中通俗地描述了领导与管理的区别：

管理者把事做正确，而领导者做正确的事。

这一结论似乎过于简单化了，但是，相对而言，管理更重视程序与流程，希望所有的事情都按部就班照流程进行，也就是说，管理人员期待的是组织化与系统化，使工作有条不紊地进行，并认为这对组织来说非常关键；而领导在某种程度上意味着变化，更需要创造性，在员工的技巧与组织的需求之间寻找结合点，即我们常说的工作指导与构建愿景。

对此，美国著名学者、哈佛大学教授约翰·科特对此也有着自己的见解，他从改变行为的角度出发，通过对 1000 多位世界知名企业高层管理人员的访谈，找到了领导与管理的区别。科特认为，领导和管理是两个截然不同的概念。

他认为，管理是为了确保某些工作在一段时间里得以顺利开展而设计出来的各种流程。在企业中，这种定义就意味着管理是用来帮助你根据客户的期望来生产某种产品或者是服务的，日复一日，周复一周，月复一月，如此循环往复。在这种管理的过程中可能涉及计划、预算、建立组织、衡量、检验、投资、执行计划以及解决问题等工作内容。企业中的人越多，则有效执行这些流程的困难就越大。

领导就完全不同了，从最根本的层次上来说，领导是跟变化有关的，领导所要做的就是创建管理者所需要的某种系统以及组织，并且最终把他们提升到一个全新的水平上来，或者说就是帮助他们实现某种根本性的变革，以抓住伴随各种新的机会而出现的竞争优势。最为常见的一种情况就是，领导者设计关于未来的愿景或者是战略导向，制定实现这种愿景的主要战略，并且保证有足够多的人能够理解并接受它，然后再创造各种条件来激励人们积极地去采取行动。

简单来说，管理与领导的区别如下：

（1）管理者在特定的时间内制订计划和预算（相当于行动纲领），领导者则侧重于制定愿景和战略；

（2）管理者关注组织和人员配备（发展人际网络），领导者则通过愿景使员工步调一致；

（3）管理者强调约束，领导者强调激励；

（4）管理产生预测和秩序，领导产生变革。

科特清晰地阐述了领导和管理之间的区别，明确了作为领导者和管理者之间职能的划分。对于企业领导者，尽管在具体的企业实践中，他们很难明确区分领导与管理，但是两者的侧重点不同仍然可以帮助企业领导寻找到他们的领导力和管理能力。

二、变革领导和变革管理

变革是诸多因素作用的结果，因此，变革的过程往往是复杂而艰难的，不太能自然发生。马基雅维利在《君主论》中早就对此有过直截了当的论述：

> 没有什么会比建立事物的新秩序
> 更艰难、更危险、更成败难料

在现实生活中，许多人并不喜欢变革，员工的习惯是不易打破的，而且变革会威胁人们既有的关系。要让人们支持变革，必须让他们知道变革的原因与动力。尽管竞争压力要求变革，但只有这种压力较为强大时，变革才会发生。中国的许多国有企业变革历程艰难也就难在这里；即使一些民营企业也同样面临这样的困境，国际上一些知名的企业也曾经经历过这些痛苦：20 世纪 90 年代初，IBM 曾经是世界上众所周知的官僚主义比较严重的企业之一，产品销售具有优势，但当 IBM 开始失去产品优势、内部争执激烈、海外市场受阻、竞争加剧时，企业很难发生变革，就像巨型战舰转弯一样心有余而力不足。因此，在变革的过程中，变革能否成功取决于变革领导力。对此，科特认为：企业要想赢得竞争，就必须变革；如果要变革，就必须加强领导，因为重大的变革必须是领导做出来的。取得变革成功有一个基本的条件：75%~80%的领导和 20%~25%的管理。因此，变革过程中的领导与管理是不同的：

（1）变革领导负责确定变革的方向和提出设想，即制定愿景和战略；变革管理负责在特定的时间内制订变革计划和具体的实施措施。

（2）变革领导通过激励措施，调动和激发员工的积极性，争取员工的支持；变革管理则通过组织安排和人员调配，来控制变革的进程和解决问题。

（3）变革领导更侧重于对变革方向的引导以及对变革力量的积极推动；变革管理则在这个过程中通过具体方式确保变革措施的到位和变革力量的把控。

但是，我们常常在现实中看到许多人将二者混为一谈，一会儿讲变革领导，一会儿讲变革管理。如果连这个概念都搞不清楚，恐怕要误人子弟了。

第二节 变革领导力的核心要素

变革中需要的领导力与平常阶段需要的领导力略有不同，我认为，这是一种特殊的领导能力，变革领袖的素质有着特定的内涵，就像一个开国皇帝与守土皇帝需要不同的领导能力一样，而变革中的领导力同样具有自身的核心要素：战略预见力；问题诊断力；文化创造力；绩效指导力；热情激发力以及利益平衡力。

一、战略预见力

科特认为：领导者要实现成功，首要的一点就是必须有一种能够预见未来的能力，即战略预见力，特别是在变革时期，因为变革是一种不确定性的工作，是一个向未知的未来寻求出路的过程，不可能有现成的方案等在那里，也不可能有既定的成果放在那里，甚至可能是一片混沌。因此，作为一个优秀的领导者，要善于在这样的混沌中确定组织的出路。

正如格鲁夫所说：制造混沌，然后驾驭混沌。

战略预见力，包括两层含义；第一是洞察预见力；第二是战略企划能力，即将这种预见上升到战略的高度进行系统规划。

（一）洞察预见力

许多世界级大公司的诞生和发展依赖于企业家敏锐的洞察预见力，从而抓住历史性的机遇而得以超速发展或实现转型。在这些大公司中，企业家的洞察预见力传递给了组织而得以延续。

美国杜邦公司抓住了美国南北战争和西进淘金的两大历史性机遇，依仗自身掌握的火药技术而诞生了延续 200 多年的杜邦公司，而后又抓住了以尼龙为代表的民用化学工业品而使杜邦公司得以进一步发展成为世界一流的公司。通用汽车公司和福特公司正是看到了 20 世纪初汽车工业萌芽的曙光，抓住了这一历史性机遇而成为今天的两大汽车巨人之一。IBM 公司若是没能抓住 40 年代计算机进入人类生活这一历史性机遇，也就没有今天雄居世界 500 强前茅的"蓝色巨人"了。

可见，洞察预见力是构成领导力的最具决定性的因素之一。此外，拥有洞察预见力还需要具有极强的鉴别判断能力，才能真正转化为抓住机遇的能力，这种鉴别判断能力帮助企业家在最佳的时机切入，从而真正抓住机遇。

（二）战略企划力

领导者的洞察预见力还有赖于强有力的战略企划体系。预见是一方面，能不能将预见转变为可执行的路径或体系则是另一方面。如果仅仅是精确的预见，最多是个高明的算命先生，只有将预见转变为执行体系才是真正的领导者。可以看到的是，当初预见到网络时代到来的有很多人，而能够在网络淘金战役中获得成长的企业没有几个。20 世纪 80 年代，不少人预见到了微处理器的作用，但是，只有英特尔借助于格鲁夫对于微处理器市场前途的敏感性以及强大的战略企划体系将英特尔带入了芯片霸主的地位。比尔·盖茨更早意识到图形界面桌面操作系统的 VISCOP 公司领导层"起了个大早，却没有赶上集"，无意中成就了微软的霸业。

当变革的预警信号出现、市场趋势出现了新的征兆时，企业家的一项重要工作就是对相关信息进行加工分析，形成可执行的战略规划，并开始配置相关资源，指导公司的战略部署。

美国学者伯格曼在研究英特尔的成长与变革历史时将公司的战略行为分为公司领导层主导变革的引导型战略行为和公司员工自发创新的自发型

战略行为，自发型战略行为能够形成公司级的影响，需要转化为引导型战略行为。而英特尔公司前任董事长兼 CEO 安迪·格鲁夫恰恰依靠自身的战略预见力将员工创新的成果转为了公司的整体战略，从而营造了强大的英特尔帝国。

微处理器的开发在 20 世纪 70 年代仅仅是英特尔主导产品存储器之外的非主流产品。公司高层管理者中的许多人意识到，微处理器是一个技术上的主要突破，但对它的商业潜力还缺少信心。之所以还保留着这个亏本的生意，是因为可以协助销售更多的存储产品。于是，公司内部对于微处理器前途的争论越来越大，有的人认为这是公司新的战略方向，有的人则认为仅仅是技术的一个突破。随着 PC 生产的扩大和存储产品竞争的日趋激烈，格鲁夫意识到了微处理器的广阔市场前景和对公司产业结构的深刻影响，并说服董事会建立了一个以发展微处理器为主导产品的战略执行体系，从而将英特尔公司塑造成了 20 世纪末期的芯片王国。尽管格鲁夫也犯了一些战略方面的错误，如对 PC 趋势的判断，但他仍然在幻象迷离的环境中找到了"阿拉丁神灯"。

一个优秀的领导者不是能够抓住所有机会，而是能够抓住关键的机会并能够将这种机会变成公司的利润源。

二、问 题 诊 断 力

引导变革的领导者同样需要具备问题诊断力。如果不能对问题具有足够的观察力和判断力，不能真正发现问题以及"所以然"，企业领导人可能就会将企业带向危险的悬崖。有人说，领导者都会发现问题，甚至认为领导者就应该知道问题，就像古代的老百姓总是希望皇帝知道一切，坏事都是奸臣干的。实际上，皇帝也是人，不一定知道一切。当然，企业领导者也是平凡人，也有许多问题看不明白，有的时候似乎看明白了，但却没有真正明白，特别是这个领导者"正在庐山"中的时候，他可能就不如故事《皇帝的新装》中的那个儿童看得更清楚。到 2004 年 4 月，很多人已经看到了德隆的基本问题，但是如此聪明的唐万新仍然似乎不能对危机有清醒的认识。不是唐万新不聪明，是因为他那个时候已经无法看到问题了，太多的情感因素和非理性因素使他很难非常冷静地看透问题的实质了。在我接触的企业家中，这样的例子并不止德隆一家。

看透别人容易，看透自己最难！

不过，企业的成长是不考虑这些的，要求企业家必须学会问对问题、找对真问题，同时还要求能够迅速解决问题。

（一）问对问题

引导变革的领导者进行有效的问题诊断是基本功。

春秋时代，我国著名医学家扁鹊有两个哥哥，他们都有着高超的疾病诊断能力，特别是他的大哥，不用询问，也不用把脉，只要察言观色，就能指出别人可能患有的病症。

企业的领袖不仅要有扁鹊般的"外科手术"能力，也要有扁鹊大哥那样的问题诊断能力。问题诊断的正确与否直接决定着解决方案的有效性，失败的问题诊断可能将带入泥潭。因此，企业家必须明确企业到底存在哪些方面的问题，并能够正确指出这些问题的所在。如何找出企业存在的问题？很多优秀的 CEO 认为，首先要深入分析企业的外部环境，然后再分析企业的内部环境，也就是所谓的"由外及内"的方法。

IBM 前任 CEO 郭士纳上任的第一个月就飞行了数万英里，与遍布世界各地的客户和经理会面，当旅行结束时，他得出了一个结论：IBM 所期待的复苏不能仅仅依靠硬件与软件的生产，而是取决于公司提供多样化电脑产品与服务的能力。如果 IBM 能够做到这一点，客户就会完全依靠公司解决所有涉及电脑方面的问题，而不仅仅是靠它提供设备部件或者暂时的 IT 检测服务。郭士纳的这个破解使当时的 IBM 回到了崭新的"客户需求"定位上。

郭士纳上任第一个月的经历为其他经理人提供了问对问题的宝贵经验，即让企业领导者到外部去寻找答案。一旦认识到企业处于危机中时，原先的领导人就可能冻结自身的学习机制，因此，他们必须到外部寻找答案，通过与客户接触发现企业的弱点。郭士纳深知当时 IBM 情况的糟糕程度，在他与世界各地的客户进行交谈时，他坦然承认这个痛苦的事实，并请客户指出企业的问题所在，他认为尽管企业自身的人员也可能知道这一点，但是客户却可以为企业提供一个全新的视角，从强调关注客户和市场的重要性出发，从竞争对手的身上获得经验，虚心向重要客户请教。

（二）找到真问题

企业存在的问题很多，特别是对于变革中的企业。但在这些纷繁复杂的问题中，总有一些问题是最为重要的、最核心的，决定着其他方面的问题。同时，还有很多现象表面看起来是问题，但实际上是更深问题的表象。对于领导者而言，找出这个核心问题才是最关键的。因为只有将核心问题解决了，才能从根本上解决其他方面存在的问题，这就是所谓的真问题。

1981年，杰克·韦尔奇担任 GE 的 CEO 后，已经意识到问题的严重性，公司的效率已经降到了历史最低点。这是什么原因造成的，已经在 GE 工作多年的韦尔奇也了解一些，但他还是希望能够借助于专家的力量更加深入地了解问题的实质，于是请了一家专业的咨询公司进行诊断。几个月后，咨询公司拿出了诊断结果，认为 GE 目前的主要病症是机构臃肿、组织层次比较多、官僚主义严重、企业文化沉闷、员工中迷漫着骄傲自大的气氛。韦尔奇阅后觉得有些"隔靴搔痒"，他也承认这些都是 GE 存在的问题，但觉得这不是问题的实质，更不是最核心的问题。于是，韦尔奇向他的老朋友彼得·德鲁克请教，德鲁克在进行了数月调查后说了一句话："GE 失去了目标！"这句话可谓大师之语，一语惊醒梦中人。韦尔奇茅塞顿开，也说了一句话："大师就是大师！"

确实，德鲁克的诊断可谓一语中的。GE 已经蝉联了多年的世界 500 强老大，成为诸多企业发展的楷模，公司管理层以及员工逐渐产生了一种"舍我其谁"的傲气，学习和增长的动力似乎都在衰减，因此，机构逐渐多了起来，人员多了起来，层级多了起来，官员多了起来，因此也就有了机构臃肿、层次繁杂的问题。治标先治本，找到了真问题就从真问题入手，才有了后来的"数一数二"战略。

同样，郭士纳在担任 IBM 的 CEO 期间，不断寻找 IBM 存在的核心问题。"空降"到 IBM 的郭士纳敏锐地察觉到：20 世纪 90 年代初期，IBM 的企业文化已经从沃森父子时候的艰苦创业、不断创新、积极向上的文化逐渐演化为一种故步自封、自我欣赏、反应迟钝、僵化保守的文化。他认为，IBM 企业文化的演变和衰败是公司由盛转衰的关键影响因素。

IBM 历史悠久的"基本信仰"准则是：精益求精；高品质的客户服务和尊重个人。IBM 曾经依靠这些价值观一步步走向成功，但是随着时间的流逝，这些原则逐渐变了味道。郭士纳发现，"尊重个人"已经演化成另外一些含义：它培育了一种理所应当的津贴式文化氛围。在这种氛围中，"个人"不需要做任何事就可以获得尊重——他仅仅因为受聘为公司工作，所以就可以想当然地获得丰厚的福利和终生的工作职位。"尊重个人"也逐渐意味着一个 IBM 的员工可以在广义的公共关系和法律范围之内做任何一件他想做的事情，而几乎不需要负什么责任。假如你是一个业绩不佳的人，IBM 因此而解聘你，那么从 IBM 文化上来说，就是没有尊重你个人。其他的"信仰"也发生了诸如此类的变化。比如，在 IBM 引领行业的年代，"高品质的客户服务"指的是在客户需要的前提下，用我们的机器服务；而并非真正去关注行业的变化，以及恰当地引导客户拓展他们的思维。

现在情况变了，而 IBM 却还在沿用那种老的思维，于是"客户服务就变成了烦琐的后勤行为"。同样，"精益求精"也从过去对卓越的追求，变成后来对完美近乎"固执和病态的迷恋"。

文化弊端表现在企业对内演变为僵化的管理体制，对外则为妄自尊大、缺乏市场意识和竞争意识。具体表现在，公司基本价值观的异化，僵化的官僚组织体制，妄自尊大、缺乏市场和竞争意识。

IBM 仍然沉睡在早期的巨大成功之中，它们不承认 IBM 的失败，妄图用老的经营模式恢复昔日的辉煌，而对竞争对手的经营模式不屑一顾。整个公司的文化和行为模式表现出强烈的以自我为中心的痕迹，对待外部世界和客户需求的变化反应极为缓慢，缺乏动态竞争力。对郭士纳而言，要拯救"蓝色巨人"，必须要重塑新的企业文化。

郭士纳在经过广泛的调查后，迅速作出一个决定，即不能屈从多数人的建议，坚决不拆散 IBM。他说："当所有的竞争对手都专心在一个领域里面，你要和别人不一样，做和别人不一样的事情，IBM 的优势就在于大，就在于它的整体规模。""我们要保持一家大的公司，在这家公司里面有不同的产品、有不同的服务，有硬件也有软件，可以提供整合的方向。"与此相适应的是，郭士纳强调应该把 IBM 当做一个全球性的公司（globe company），只有全球性地运作，IBM 在现在的社会中才有机会竞争。

在重组 IBM 的过程中，郭士纳的思路很清晰："你必须执著于受市场驱动的企业文化。对于我们，这意味着我们不能只局限于发明，而 IBM 过去一直存在这样的问题。今天，我们一切都从市场出发：客户的需求是什么？市场在如何变化？我们的竞争优势是什么？而且我们不断地问自己：我们擅长什么？什么是我们所独有的？""重组的一个重要方面是找准重点，集中力量。能够做到这一点，我认为是全球每一个成功企业的特点之一。所谓集中力量，我指的是：①根据事实，十分清楚地定位，我们相信自己能够占有优势和领导权的市场。②十分清楚在哪里集中资源、在哪里投资，以及从哪里退出。当然，这需要有将市场进行合理划分的全面能力。而要具备这项能力，就需要完善的信息系统，如信息搜集和信息分析。"

在郭士纳的带领下，IBM 两年内即扭亏为盈，重振昔日"蓝色巨人"雄风。有评论这样说过：郭士纳有许多杰出的方面值得企业人士学习，其中最值得称道的就是他过人的战略远见和对 IBM 企业文化的转变，特别是后者，这是促使 IBM 重新获得持续竞争力，也就是促使 IBM 这只大象能够跳舞的根本所在。

看来，就处于变革中的领导者而言，在企业存在的种种问题之中，必须从中找出最根本、最核心的关键问题所在，并对其进行改造，方能使变革成功。

（三）解决问题

在问对问题、找对真问题之后，领导者必须采取合适的措施，着手解决这些问题。仅仅看到问题而不能解决问题，只能是一位分析家和优秀的学者，而真正能解决问题，才能成为优秀的企业家。

我们仍然以 IBM 为例，看看郭士纳是如何解决 IBM 问题的。

首先，郭士纳认为治本的同时也治标，非常注重公司的短期治理，采取了舍弃不良业务、削减业务成本、大幅裁员、削减红利等措施，对 IBM 进行了大刀阔斧的治理。经过以上举措，到 1994 年 1 月，财务报表显示，1993 年第四季度实现盈利，这是 IBM 六个季度以来的首次盈利。同年 4 月，当 IBM 在年度股东大会上宣布第一季度纯利实现 3.92 亿美元的消息时，整个华尔街为之震惊，这远远超出了分析家们的意料。在短短 8 个月之内，郭士纳就能使这个重病缠身的蓝色巨人起死回生。

其次，为保证 IBM 的长远发展，郭士纳着手治本，力争实现公司的根本转型。首当其冲的就是摒弃肢解公司的各种设想，实施强化整体优势的战略整合。在上任之初，郭士纳作出了也许是在他执掌 IBM 近 9 年来最重要的一次决定：立即摒弃分割 IBM 的业务，协调组织，打破 IBM 原有的地域分割、各自为战的局面，进行业务与区域的重新整合。郭士纳认为，IBM 的优势在于它的规模和各个部门的整合。他说："鉴于 IBM 的规模和它在全球的广泛分布，摧毁它的这一独特优势并将 IBM 分裂成一个个独立的电脑零部件供应商——如大海中的一条小鱼一样微不足道，这无疑是一种罪过"。事实上，大象之所以难以匹敌，是因为其具有难以摧毁的巨大力量。对于企业巨象而言，这种力量体现为一种强大的竞争力。显然，当大象消失时，这种力量也不复存在了。

最后，郭士纳认识到服务业既是行业发展的前景，也是实现 IBM 转型的重点，于是加强了服务投入。在 20 世纪 90 年代的几年之内，来自服务业的收入每年以超过 20%的速度增长。服务销售量一年接近 190 亿美元。为了能更好地为客户服务，在经营上，郭士纳打破了 IBM 多年的老大作风，提倡"糖果店"策略，即 IBM 像是一家糖果店，而不是专卖店，客户到 IBM 来，客户想买什么"糖果"就能买到什么"糖果"。因此，IBM 在服务器上又多了一个用英特尔处理器生产的服务器 Nefinity，而在这之前，IBM 一直都是用自己的处理器来生产服务器。

同时，郭士纳强调 IBM 要在软件方面继续发展，但发展是一个选择性的发展，比如不准备跟 Windows 在桌面操作系统竞争，躲开微软的锋芒，而在数据库、系统管理、协同运作等方面抢占领先地位。因此，现在软件部门也是 IBM 增长利润的一个来源。"IBM 过去几年的增长大部分在软件和服务领域里。"（周伟焜语）

通过以上种种措施，郭士纳成功地将 IBM 从一个主流硬件设备生产厂商转变成以服务为主导的企业，并整合其分散的软件业务，使服务、软件成为企业的盈利产品。

当然，以上的变革基础就是一场深刻的文化变革。

郭士纳对 IBM 的公司文化进行了"180 度的大转变"。郭士纳亲自起草了关于改造公司文化的八项原则，并以挂号信的方式郑重其事地邮寄给了 IBM 遍布全球的所有员工。这八条原则的基本观点是：

（1）市场是我们一切行动的原动力；

（2）从本质上说，我们是一家科技公司，一家追求高品质的科技公司；

（3）我们最重要的成功标准，就是客户满意和实现股东价值；

（4）我们是一家具有创新精神的公司，我们要尽量减少官僚习气，并永远关注生产力；

（5）绝不要忽视我们的战略愿景规划；

（6）我们的思想和行动要有一种紧迫感；

（7）杰出的和有献身精神的员工将无所不能，特别是当他们团结在一起作为一个团队开展工作时更是如此；

（8）我们将关注所有员工的需要，以及使我们的业务得以开展的所有社区的需要。

从理论上说，这些文化理念和行为指南对于一个企业而言是再正常不过了，但是，对于 20 世纪 90 年代初的 IBM，要贯彻上述理念并不是一件容易的事情。要知道，IBM 几十年来沉淀的强势文化众所周知；西装革履，作风严谨，个个气宇轩昂，傲视群雄；流程冗长，繁文缛节，款款周全而无视竞技场上之"变故"。在当时，高品质的客户服务已变成了烦琐的后勤行为。

郭士纳提出的八条原则不啻是向老 IBM 不合时宜的公司文化的宣战书，郭士纳秉承并强化了基本信仰：精益求精、高品质的客户服务和尊重个人等，并赋予了新的"标准"以摒弃其惰性；在服务范围、架构、模式上进行一系列重大变革的同时，重塑了"高品质"形象。这八条准则为新IBM 制定了新的公司文化方向。其本质就是改造 IBM 的官僚、守旧、封闭的文化，而将其转变为面向市场、面向客户、开放合作、基于绩效、迅速行动的充满创新和活力的文化。这把 IBM 从心高气傲、孤芳自赏的氛围中拯救出来，正视市场，认清竞争对手，贴近客户，进行跨部门合作，于是"电子商务"脱颖而出，有了史无前例的"敞开仓库"行动（即将技术成果出售给同行，乃至竞争厂商），也有了始终考虑"客户需要什么"的亲情倾向。

三、文化创造力

今天，没有人会否认文化对企业的重要性，但是如何建立企业文化、如何理解企业文化以及企业文化的作用，甚至什么是企业文化，却有着诸多不同的认识。但是，不管怎么认识企业文化，其主要的体现形式都表现为员工的思维方式和行为习惯，而既定的思维模式与行为习惯对于变革的阻碍作用是不能忽视的，甚至是至关重要的，要改变一个企业的成长战略或者推动企业实现转型，如果不能改造企业文化并创造新文化，变革有可能会夭折或者"复辟"。因此，我们在为诸多企业进行提供管理再造咨询的时候，都将文化改造或文化再造作为一项重要的工作内容。广州美林基业集团的董事长刘远柄对这方面的认识可谓至深，当公司的管理再造与执行力工程启动之时，他就大声呼吁"改造我们的企业文化"。

文化再造说起来容易，但却是一条漫长而且短期内很难看到效果的事情，也是最容易被忽视的事情。因此，企业领导者需要把握文化创造的关键点：

（一）培育变革文化

在变革的过程中，领导者通常会遇到很大的阻力，因此，在进行管理变革的同时甚至之前首先要注意培育变革文化。

历经两次重大改造的著名 PC 厂商宏碁集团掌门人施振荣先生的观点就是，企业文化说起来是一些理念和口号，但实质是"行为"，"口号"能够帮忙，但从根本上说，企业文化要靠每天的决策、做事的方法来形成，而且，企业文化是多数人形成的，不是一个领导者提倡就能形成的。领导者的作用是，有非常敏锐的观察力，观察出这个组织所有人的心理以及客观的困境，透过口号和行为，形成一个共识，让大家行为一致，形成一种文化、一种力量。"塑造企业文化在顺境时比较容易，考验企业文化却是企业处在困境的时候和处在没人监督的时候，而恰恰是在这些时候，才正是企业文化体现其价值的地方"。让我们看看宏碁是怎样做的。

2000 年，PC 市场产量供过于求，激烈的市场竞争造成恶性杀价，个人计算机的毛利不断下滑，同时因为网络时代的来临，客户对新的网络应用工具却有相对强大的潜在需求，过去的产品和营运模式已无法保证宏碁在新的市场竞争中获胜，宏碁面临着战略变革。2000 年 12 月，宏碁董事长施振荣正式宣布变革计划，将代工事业（伟创资通）与品牌事业（宏碁计算机）营运分开，各自专心服务不同的目标客户，并强调宏碁变革的三大重点：简化、专注及前瞻。为配合战略变革，宏碁进行了文化变革工程。为了使新的价值观能传递到每个员工身上，经过领导团队的研讨，确立了"绩效导向、顾客导向、执行力"三个文化转型方向的重点，并采取系统的布局，全面推广创新的价值观。

重审既有价值观，寻找出阻碍组织文化重塑的原因：管理制度不以绩效为导向与透明化，或是主管本身的管理风格及行为在影响员工的行为与心态。

在方法上，宏碁设计了四个阶段的动作：第一个阶段是裁员警示，继 1991 年后第一次进行裁员，2001 年 8 月再一次裁员由此向员工宣示变革决心，建立危机意识。第二阶段，简化工作流程，鼓励员工在自己的工作岗位上提出合理化建议，精简工作流程。第三个阶段，加强绩效考核与目标执行，利用 KPI（关键绩效指标）对员工的工作进行考核，一方面让员工对公司的年度目标有贡献；另一方面也让员工对自己效率有评价准则。

第四个阶段，提升主管的管理能力，一线经理人是传播企业价值观的核心，他们对价值观的认同与理解是决定核心价值观能否由上至下进行传导的中坚。为了让所有主管都知道，为部属制定目标、赋能授权以及领导变革是主管的人才管理基本责任，宏碁专门设计了两天课程，做"主客管理能力问卷"调查，针对分数不理想的主管人员再进行改善。

方太厨具的总经理茅忠群对培育变革文化有其独到见解和做法。身处宁波慈溪市的他深知，在这个生活安逸的县级城市里，人们很容易挣钱，大多数人都有着"小富即安"的思想，有钱的人很多，打算把企业做大而干一番事业的人比较少。这种思想不可能不影响到公司的员工。在这样的地域文化下经营企业容易，但要实现企业的持续发展比大城市难。因此，要使方太成为一个受人尊敬的国际化企业，首先要培育能够让企业国际化的文化，而地域性很强的团队很难产生这样的文化。怎么办呢？一些企业希望借助于外请 CEO 解决这个问题，一些企业希望通过"迁都"完成文化转型，还有的企业邀请外部咨询机构推动文化变革，但是，茅忠群的做法却独辟蹊径，他邀请大量具有国际化背景的人才加盟，以至于不到 20人的高层管理团队中竟然出现了 13 个以上来自跨国公司的经理人，其中有来自宝洁、西门子、可口可乐的，也有来自三星、美能达的。我对茅忠群总经理开玩笑说："方太管理层有点像多国部队"。一家规模不到 10 个亿的民营企业，为什么会有这么多跨国公司来的职业经理人？茅忠群一语道破天机：希望他们能够创造方太的新文化——一种适合于国际化发展的公司文化。

(二) 再造创业文化

文化再造是个痛苦的过程。然而，文化对于企业未来的发展发挥着重要的作用。变革中的企业往往存在着一系列的问题，存在着种种危机。而成功的文化再造往往能使得企业渡过危机，获得进一步发展，企业要经历"痛并快乐着"这个过程。

联想的文化再造则伴随制度文化—亲情文化—创业文化的文化变革轨迹。

"什么是保持公司生存和发展最基本的要素？战略、组织、领导人、制度和流程都非常重要，但与文化相比，他们都是在短时期内可以调整的。真正不会轻易改变的，并且能深刻影响着我们每一个人行为的，是一个企业的文化。"杨元庆有如此看法，应该说是秉承了柳传志的经营基因。

联想开始创业的时候，以不同于中关村其他企业"学院自由文化"的制度文化打造了联想的军队，其核心概念是"斯巴达方阵"，强调制度、纪律与集体主义。在我看来，这恰恰是联想在中关村众多高科技公司中脱颖而出的重要成长基因。那种追求个性张扬、自由自在、随意性民主作风的学院式企业文化造就了中关村的一批技术富翁和创业者，但并没有造就多少企业家，因为这种文化培育不出强大的组织力。

随着联想的成长，这种看起来冷冰冰的制度文化的副作用显现出来，人与人之间缺乏深层的信赖。本来，知识分子给人的感觉就是不太注重人际交往，制度文化的提倡似乎更加重了人们之间的"篱笆"，为此，杨元庆2000年前后开始提倡"亲情文化"。

杨元庆认为，亲情文化不是对制度文化的替代，而是一种补充，也就是让联想文化的元素更加丰富了。他说：

"我们在很长一段时间，只提出'严格、认真、主动、高效'，没有提亲情这方面。我们认为自己注重规范，也能够把握分寸，就相信所有的人都一样。但到了下面就走样，干部一层层对下面布置任务，对兄弟部门公事公办，一切都是按步骤，很机械，没把文化基础做好，没有把两个人之间的协作看做是重要的工作能力，是首先要做到的。今天提倡'平等、信任、欣赏、亲情'，就是让大家能准确理解它，不偏不倚地理解而不是片面地理解，"其最典型的行为就是"直呼其名"行动，在全公司，除了柳传志和马雪征可以称"总"外，从杨元庆到普通员工，不再称呼其"总"，而是"直呼其名"，"杨总"也演变成了"元庆"。

不过，这种亲情文化也容易让人产生误解，有的人认为，既然讲究亲情文化，大家就可能是一片和气、其乐融融，结果之一就可能是人们容易产生懈怠情绪，而这恰恰是要不得的，刚刚进入20世纪的联想面临着巨大的挑战，既有戴尔等巨头咄咄逼人的进攻，也有公司战略跨越的转型，如果人们缺乏斗志，这种转型肯定是要失败的。

基于此，杨元庆在 2000 年启动了联想的"创业工程"，呼吁"建设创业文化"。在 1999 年冬天，笔者与当时联想集团负责企业文化建设的副总裁杜建华先生讨论联想文化的问题时，两人曾经就创业文化的提出进行了朋友式的研究并达成了共识。

一位员工深有感触地说："以前一直很顺，不知道失败的滋味。联想的队伍还很年轻，没有经历过失败。但是，成功只代表过去，明天的辉煌还要我们亲手创造，现在再次提出创业，对新一代'联想人'在精神上也是一次洗礼，这是联想文化的一次升华。"

实际上，这样的文化嬗变在中国企业的变革过程中并不鲜见。

由一家名不见经传的小电能表厂历经 30 年成长为资产过百亿元大型企业集团的华立集团正是通过对文化的一次次改造推动了公司的一次次跨越：从余杭市的电能表厂到国内电能表行业的龙头，从本土企业成长为拥有世界先进技术的跨国公司。

华立集团在成长的过程中历经了多次变革，也历经了多次风险，但总是在这些弊端发作之前就化解了。这不能不归功于华立集团董事长汪力成先生对华立文化的"反思"意识和改造精神。

其中最突出的一幕是汪力成对于华立"大家庭式"文化的重新审视和再造。他在 20 世纪末面对华立的转型时说：

"华立的企业文化最主要的特征就是'大家庭'。所谓的'家庭'是什么？是一种让每一位员工都能体会到（或者是得到）'温暖'的形式。几十年来，当初这种简单的'因果关系'一直影响着我们，家庭（即企业）对员工负有一种责任，哪怕这个成员对家庭没有什么贡献，因为他是家庭的一员，唯一的要求就是对企业要忠诚，只要不背叛家庭，哪怕是个败家子，总是自己的人，应该宽容……恰恰是由于这种企业文化，使我们感觉到内部问题越来越多、活力越来越少、效率越来越低……"

汪力成一番语重心长的话在华立内部激起了巨大的波澜，也拉开了改造企业文化的序幕，一种新的、具有强烈危机意识的"五湖四海文化"诞生了，也就是依托五湖四海文化，华立不仅展开了前所未有的资本运作，也通过并购飞利浦 CDMA 全球研发中心而成为跨国企业，华立也因此走上了一条新的道路。

（三）营造变革气氛

领导变革理论权威、哈佛商学院著名学者约翰·科特教授在其代表作《领导变革》中将变革的流程分成八个步骤，第一个步骤就是要建设变革的气氛——增强紧迫感。如果企业的全体成员感到当前企业的状况很好的话，那么变革便无从谈起。所以，企业在经营状况看起来很好的情况下进行改革是非常难的，中国的许多国有企业都曾经遇到这样的局面。要想变革，首先一点就是要加强员工的紧迫感，从根本上消除造成员工自满情绪的根源，或者尽可能缩小其影响。同样，文化的变革也是如此，必须从变革的气氛上制造一种紧迫感。

我曾经在一家大型国有企业从事管理工作，面对日益激烈的竞争，力图进行组织变革，其核心内容是组织架构调整、业务流程整合以及相应的绩效管理方式变革，当然也必然伴随着减员增效。但是执行过程却遇到了巨大的阻力，一是许多人都不理解这场改革，"我们这么好的企业为什么要进行改革"或"领导要借机整人了"等，一时间，公司内部小道消息满天飞；二是一些在改革中被调整的人员（并没有被直接裁员）到处告状，甚至用各种理由告到了司法机构和审计机构，以致这些机构纷纷派人到公司进行调查。结果，企业有一年左右的时间无法正常经营，总裁被搞得筋疲力尽。最后，这些机构没有查出什么问题，总裁才开始了正常工作。两年后，由于宏观经济政策的调控，市场环境发生重大变化，企业经营出现了困难，并在年中出现了几年来的第一次亏损。如果公司不能进行有效应对和实现转型，后果将不堪设想。此时此刻，公司董事会重新把组织变革提上了日程，开始了新一轮的组织调整、流程再造以及绩效薪酬体制方面的变革，并宣布减员 30%（此次减员采取了比较优惠的补偿政策）。尽管人们仍然有各种各样的想法，但是对于变革似乎有着共识：不变革，就死亡。这种认识对于这场变革的推进有着重要的意义。

很多公司的变革在这个阶段失败，因为领导者低估了改变员工的现状会有多么困难，有时管理层高估了自己制造紧迫感的能力，还有的时候管理层自己就缺乏足够的耐心："这个头开得太长了，快开始吧。"其实，在许多情况下，高层管理人员已不耐烦的时候，企业其他层面的管理人员和大多数基层员工尚未有真正的危机感。多大程度的紧迫感才算足够强，从大大小小成功或失败的例子来看，需要有公司75%的管理层实实在在地感到难以接受目前的经营状态。低于这个比例都会在以后的改革进程中面临许多问题。

处于变革关键地位的领导者在变革伊始就应该全力制造紧迫感，开诚布公地与大家讨论公司潜在的一些让人"讨厌"的事实：竞争白热化、利润下降、市场份额减少、收入增长停滞、亏损严重等，或其他类似的指向公司经营地位下降的现象。因为人们往往会把坏消息归咎于这个坏消息的散布者，改革派往往依靠外部人士带来这些"讨厌的"信息，管理咨询人员、竞争对手甚至客户都是这方面的有力帮手。这些措施都能有效地增加企业的紧迫感，从而使员工在危机感的压力下自动适应变革的执行。

四、绩效指导力

不能产生绩效的领导者不是真正的领导者。

当沃伦·本尼斯等领导力大师将领导力研究集中于各类领导素质和领导经验的时候，美国的又一位知名学者达夫·尤里奇与他的伙伴们提出了绩效导向的领导力，并提出了一个公式：

有效的领导力 =（领导）特质 × 绩效（结果）

不谈绩效，领导力仅仅是一种潜质和神秘的东西；加上绩效，领导力才变得真实了。用尤里奇的话说，就是："有能力且拥有领导力特质固然是件了不起的事情，但是其能力必须用于恰当的、目的明确的用途上。"

实际上，这种能力的使用还应有一个有效的结果，也就是绩效。这种领导力才是经过检验的，也才是有价值的。

领导变革，领导者必须具备强烈的绩效导向，关注结果，并拥有强大的绩效指导力，在企业的成长和变革中建立起卓越的绩效。否则，你就可能是一个失败的领导者，不管你多么有雄心壮志。

（一）确定绩效目标

如何确定绩效目标是领导者关注绩效的第一步。

确定一个什么样的绩效目标才是有效的，这个问题在诸多企业中常常是个富有争议的话题。一般看来，老板总是提出看起来高不可攀的战略目标和让人目眩的经营目标；而通常员工总是觉得目标太高，很难实现，于是怨声载道。但是，抱怨归抱怨，高目标的刺激往往能使企业产生强大的动力，而那些经营目标很容易实现的企业往往难以长大。

近年来，扩展迅速的国美电器有一种传说：掌门人黄光裕定的目标似乎每年都没有实现过。但是这种"怪现象"却将国美带到了中国零售业第一，黄光裕自己也成为中国首富。当他提出到 2010 年要超过 1000 亿元的目标时，许多人又开始了对黄光裕真实目的的猜测。

地产界的新锐——天津顺驰集团掌门人孙宏斌每年都把目标定的很高，当 2004 年的销售收入已经超过 100 亿元时，令地产界的大佬"大跌眼镜"。但是，不能不说顺驰的快速成长与高目标的拉动关系密切。

在华立集团，这种战略目标确定方式叫做"摸高战略"。在有的企业叫做"画大饼"。这种"调长脖子式"的目标究竟有什么用，为什么领导者偏好这种高目标，在许多人眼里，这是企业家野心的彰显。对于研究领导力绩效的学者尤里奇来说："拥有这种魔力的绩效目标通常是崇高的、富有挑战性和高贵的……领导者在决定追求的目标时，眼光一定要高。实现目标的意义对员工具有挑战作用，它鼓舞和激励着员工，鞭策着他们不断地发挥自己的能力。"

不过，有人会说：这些目标是老板定的目标，是实现老板野心的目标，与我们有什么关系呢。确实，如果不能让部属深深地理解目标对他们的重要性和关联度，他们又有多大信心、决心以及野心去实现这些目标呢。

聪明的领导者并不仅仅把目标甩给他的部属，而是在提出"看似高不可攀"目标的同时增加一个激励目标，即如果达到了这样的目标，你们的人生和职业生涯将是什么样子。比如，黄光裕在提出 1000 亿元目标的时候，对他身边的高管人员说：如果这个目标实现了，意味着你们每个人都可以指控上百亿元甚至数百亿元的资产。你说：这些"画饼"能没有刺激吗。

当然，尽管抱负是崇高的，它也一定要转化为明确的、能够度量的绩效。不这样，目标仍然是虚幻的梦想和不切实际的愿望。

绩效目标的落实能使员工更深地理解战略本身，能保证团队上下对战略、战术策略的理解的一致性和清晰性，从而形成合力，创造绩效。结果导向的销量指标如果很抽象，让员工感到行动很盲目，以致无从下手。每个队员可先将总业绩目标分解到每种产品上，再将每种产品的目标分解到每一个客户身上。将目标的大部分先分解下去，当然条件允许的话，目标分解越精细，执行效率与效果往往会更好。于是，抽象的总目标转化为任务明确、具体的细分目标，提高了目标的操作性和可行性。当目标分解完之后，业务人员对于下期的工作细节也就基本上胸有成竹了，然后就根据每个细节的重要性与紧急性安排好自己的工作计划。并将其形成文字，以作为追踪执行进度的反馈，更能保证作业效率与效果。其意义在于，目标深度分解将结果管理转化为过程管理，让每个队员清楚自己的职责和任务，消除员工的盲目性；而且有利于提取关键业务，便于管理双方监督与控制，保证执行效果。

（二）任用合适的人

绩效能否如期实现的关键就是为绩效目标的执行过程找到合适的人员，让适当的人做适当的事，其意义在于最大限度地保证每个控制点以最大的可能实现，从而保证整个目标体系均衡与协调。控制点在空间与时间上达到综合平衡，形成逻辑的目标体系，以保证在空间上和各目标的进度保持协调与一致；在时间上，各目标保持可发展、可延续性，并与战略方向保持一致。如果没有合适的人选，一切却是空中楼阁。胜算在握的诸葛亮用错马谡一人，结果不仅失去街亭重镇，而且几乎全军覆没；号称"知人之鉴，并世无伦"（李鸿章语）的曾国藩用错了一人，几乎令自己命丧大江。因此，古人非常重视关键时刻用对合适的人，汉高祖刘邦曾言："运筹帷幄之中，决胜千里之外，无不如子房；镇国家，抚百姓，给饷馈，不绝粮道，无不如萧何；连百万之众，战必胜，攻必克，无不如韩信。三人者皆人杰，吾能用之，此吾所以取天下者也。项羽有一范增而不能用，此所以为我擒也。"

不过，"合适的人"的定义不仅仅在于这个人的能力，而且还有以下几种含义：

一是如王夫之在《读通鉴论》中所言的"善用人者不恃人"，即不能造成对能人的依赖，如曹魏对于司马懿的任用。有的人很有干事能力，也富有热情，但是恃才自傲，不考虑团队，自认为天下第一，如当年的麦克阿瑟一般，连总统杜鲁门与国防部长马歇尔都不放在眼中。能人虽有仁川登陆之功，但对团队和下一步战略部署的影响极大，对于整体绩效的影响当然就更大了。

二是适位之人。有的人很有能力，但是位置放错了，他可能觉得有力使不出，正如放错了地方的珍珠如同垃圾。在企业中尤其如此，有一些技术人员，技术水平顶尖，但是管理水平一般，甚至极差，如果将他放在管理位置上，其绩效可能很差，即使他本人非常愿意在这个位置上，领导者也要考虑需要的绩效是什么，否则可能是"缘木求鱼"了。这不是他的能力问题，是领导把他放错了位置。

在现代企业中，这种要求被称为找到合适的人选或团队。没有合适的人选，任何目标都是完不成的，更不用提绩效问题。

（三）像钉子一样钉住绩效过程

一些领导者常常抱怨其管理层甚至员工执行力不强，或者指责中层以及员工的绩效不理想。每当这个时候，我的第一个问题就是：你把绩效放在首位了吗，你紧紧盯住他们的绩效管理过程了吗。如果你自己做不到像钉子一样钉住绩效目标和绩效过程，却希望部属对绩效关心有加，这肯定是本末倒置了。IBM的前任CEO郭士纳对于管理有句名言：人们不会做你期望他做的事，只会做你检查他做的事。尽管说得很绝对，却不啻是经典之言。

杰克·韦尔奇的成功之处就在于他不是坐在纽约曼哈顿岛 GE80 层的办公室里听汇报、看报表，而是常常出现在前线，每年有 200 多天与他的部属在一起，了解他们的工作进程。发现其中的问题或难点时，他就会深度介入。这种介入不是挑刺，而是帮助执行者解决问题，他把自己的这种行为称为"深潜"。

"这实际上就是认准了一项具有挑战性的工作让自己介入进去，因为你觉得自己可以给出与众不同的意见……我经常这样做，当然只是在公司范围内的每一个地方……一旦决定介入，我就一个猛子扎下去开始深潜。我一直坚持这样做，直到我担任这项职务（CEO）的最后几天。"他告诉人们："实事求是地看世界而不妄加揣测。"

因此，他利用各种收集数据的方法，广泛地与各级管理人员、一线执行人、行业专家、客户、股东、银行等人不断地进行交流，毫无私情地、严密地、坚持不懈地对"绩效事实"进行探询，仔细分析反应业绩的现有指标，了解绩效创造过程中的问题，以便将问题消灭于过程中。

丰田将这种把握前线情况的做法提升到丰田模式的核心理念——现场现地。领导者大野耐一直截了当地提出，领导人"应该不带任何成见地到现场实地观察生产状况，对每件事、每个问题重复问 5 个'为什么'"。他进而指出："数据当然重要，但是，我认为最重要的是事实。"

中国台湾台塑集团董事长王永庆先生是有名的"管理之锤"，对于绩效过程的跟踪追究举世闻名，他用"午餐会"了解执行过程的方式不仅让他的中层干部谈之色变，而且外界也非常熟悉。

近年来，快速崛起的中国房地产企业顺驰集团，其掌门人孙宏斌尽管很年轻，但是对于执行过程的跟踪追究比他的老领导柳传志有过之而无不及。用他的话说，"就像把钉子钉进花岗石，你必须不断地敲打钉子"。

（四）要求中层像猎豹一样进行绩效导向管理

在研究执行力的理论中，我把中层称之为执行过程的"腰"。没有一个强大的中层，任何执行都是空谈。因此，一个企业绩效如何，关键在于中层能否领会高层指令并千方百计地推动执行。一个真正关注绩效的领导者，应该要求他的中层像猎豹一样盯紧绩效而不是其他目标。

第一，将绩效作为评价中层的核心标准，并选择合理的评价标准，与中层经常探讨改善绩效的办法，从而提高中层团队的执行节奏。

第二，深入了解关键中层管理者的能力特点，并为他们提供恰当的创造优秀绩效的发展空间和领域。

第三，确保中层执行者充分认识到你作为领导在于获取良好的绩效，而不是为了其他的个人目的。

第四，确保激励突出绩效的方法与措施到位，而不仅仅限于空洞的口号。

在这个问题上，被称为世界第一 CEO 的韦尔奇确有高招。定期评价 GE 中层管理者的绩效成为他任期内最重要的工作。每年 4 月份，你在总部就找不到韦尔奇了，因为他坐着公务飞机到各地评价中层去了。在 GE 内部，这样的年度评价被称为 C 评估会议（session C meeting），这样的会议大约会陆陆续续地进行 20 天左右，虽然耗时很长，但韦尔奇深信，这些时间花得很值。对他来说，没有任何事情比评估他的中层经理人并确认其绩效更重要的事情了。

C 会议的目标是：审核中层管理者目标绩效的完成情况；评估中层管理者的表现及发展潜能；审核中层管理者绩效完成过程的问题与建议；发掘优秀的中层管理者并予以重点关注；特别关注绩效完成过程中出现的问题及相关信息。

韦尔奇最为关心的是，中层经理人必须是团队成员，而且还必须创造优良绩效，并主张采取措施处置那些不能扮演好中层角色的管理者。为此，他把中层经理人划分为四类：A 类：创造优良绩效并认同公司价值观的经理人。这是最理想的经理人。B 类：不能创造优良绩效但认同公司价值观的经理人。这是可培养的经理人。C 类：能够创造优良绩效但不认同公司价值观的经理人。这是比较为难而需要调整的经理人。D 类：不能创造优良绩效也不认同公司价值观的经理人。这是毫不犹豫地、予以淘汰的经理人。

对于一位关注绩效的最高领导者来说，中层管理者的重心应该像猎豹一样毫不分心地盯住目标绩效，而不仅仅是以完成岗位职责为最高目标。从这个角度讲，创造绩效高于岗位职责。仅仅强调岗位职责容易形成各扫门前雪、互不来往的"职责病"。

五、热情激发力

有人说，人没有激情是傻子，有了激情才聪明。

人的潜能是巨大的，但是在很多情况下处于沉睡状态，只有热情才能激活沉睡的潜能。所以，在成功的路途上，激情比智慧更重要。变革的过程是一个充满了挑战的过程，因此，也是一个最需要激情的过程。

如果有一种品质是成功者所共有的，那就是他们比其他人更有热情，更在乎任何一件事，他们认为没有什么细节不值得去挥汗，也没有什么大到不可能办到的事。

（一）变革需要热情

韦尔奇在定义领导人时指出：领导人可以围绕一个以"P"为中心的四个"E"来描绘，领导人必须具备过人的精力（Energy）、应该能够激励他人（Energize）、做事应该果断（Edge）、领导应该雷厉风行（Execute），但最重要的是领导人必须要有激情（Passion）。

对于变革领导者而言，热情更应该是其必须具备的素质。要知道，变革领导者的这种热情可以创造一种高质量和卓越的氛围，在这种热情创造的氛围中，所有员工都感到向自己的极限挑战是一件很愉快的事情，从而使变革得到全体员工的认同，并燃起员工的热情，使员工积极参与到变革中来。

变革领导者还要使整个团队组织形成对变革的共同理解，从而产生团队热情。因为一旦当变革领导者理解了变革挑战的本质后，接下来在组织内部与大家共同分享自己对变革挑战的理解就非常重要。如果关键决策者以及团队成员对于变革的目标以及实现变革的手段都一无所知，那么变革行动很可能会遇到大量的挑战。对变革的共同理解可以从许多方面有利于变革的实现，但是这种理解却常常被忽视，要么就是没有能够作为一种推动变革成功的工具而得到充分利用。成功的变革要求所有能够促成变革成功实现的人都要理解：要进行什么样的变革、为什么要进行变革以及如何进行变革。然而，这一点却是说起来容易做起来难。

只有整个团队形成了对变革的理解，产生了变革热情，才能从根本上激发全体员工的变革热情，引导他们反反复复地寻找和确认愿景。愿景得到巩固，热情就会得到激发。热情有助于形成和激发远大目标，能够产生表达愿景的力量。

（二）用变革的目标激发热情

在变革过程中，企业目标非常重要。富有想象力的目标可以激发全体员工的潜力，使其投入到变革的进程中来。

愿景应该既是宏伟的，又是激动人心的。变革的愿景能帮助员工摆脱琐事和庸俗以及对目前困境的理解，因为他们心中充满光明；共同愿景能使人在困难时，有绝不放弃的勇气和执著，因为共同愿景使他们心中充满希望；共同愿景能使员工极具敬业精神，自觉投入，乐于奉献。因为他们看到工作本身对于他们的意义非同以往，它不仅是谋生手段，更是一种社会责任，他们在工作中充满激情和乐趣，也从中体会到了自己生存的意义；共同愿景能改变企业和员工的关系，所有的人会称公司为"我们的公司"，视彼此为实现共同愿景的伙伴，是生命的共同体；共同愿景能使企业变成学习性组织，因为愿景所建立的高远的目标，必须激发新的思考和行动方式，必须放弃那些阻碍我们前进的固有的心智和毛病；共同愿景能激发企业不断创新的精神，敢于承担风险的勇气。

变革中的愿景作用已被许多卓越企业的实践所证实。我们在广州美林基业集团与公司员工一起进行管理再造时，董事长刘远柄先生提出的"改造我们的企业"目标时，描述了变革的愿景以及公司需要付出的代价，激起了管理层与员工的积极参与，在管理再造工程一年多的时间里，专家在与管理层和员工访谈以及研讨方案的过程中，员工们热情地参与，积极地提出问题，不厌其烦地就有关变革的细节问题进行争论和探讨，使得变革过程成为一个员工积极了解企业、系统进行管理培训以及共建企业的过程，从而确保了变革过程的顺利完成。

（三）热情需要激发

对领导者而言，有什么比鼓舞人心去发掘潜能更为重要呢。事实上，这种潜力是需要激发的。对于变革领导者，变革需要激发员工的热情，得到员工的支持，并积极参与到变革中来。

激发意味着用"生命去投入"，然而，如果变革领导者自己都不能用生命去投入，那也不要指望他人能够用生命去投入，所以领导者的第一要点就是把自己的热情和企业紧密地结合在一起。如果一个人能够与企业紧密联系在一起，并且能够表达出他对于企业的情感和信念，那他就能够激发他人的承诺。

我们将领导沟通视为一种特定的技能，它不仅是一种信息的传递，同时也是一种激情的传送。领导沟通也会发生变化，它既涉及公司目标的联系，也涉及个人目标；既涉及战略的问题，也涉及价值观的问题；既涉及清晰度的问题，也涉及深度的问题；既涉及目的的问题，也涉及意义的问题。领导者必须既是坚决果断的，同时又是富有人情味的。他必须让自己的脑子和心来说话，但同时又必须是一位比以前更好的倾听者。信任是在知道一位领导者关心你的情况下建立起来的。一位领导者必须能够看到和承认他人的观点，认可他们的价值，并且传递自己对他们的欣赏。重点并不在于回答这些问题本身，而是在于对他人作出反应。一位有效、可信的沟通者知道这样两个问题之间的差别："他是在听你说话吗？"以及"你感觉到他是在听你说话吗？"前者是一种交易，而后者是一种联系，而激励人们努力工作的恰恰是联系而不是交易。

大部分员工也想知道自己能否参与到规划变革中来，希望感受到领导层欢迎他们提出意见。如果他们发现企业具有这样的特质的话，就更加愿意与企业共命运。不断的沟通有助于支持企业项目组织目标的实现。

1989 年年初，韦尔奇宣布实施"群策群力"。这是一项发动全体员工动脑筋、想办法、共同解决问题、以提高工作效率的活动，旨在调动全员的聪明才智，参与管理。常用的形式是，由执行部门从不同层次、不同岗位上抽出人员集中开会讨论，专找管理工作中的弊病，提出解决问题的方案，并向大会报告其结果。各部门负责人要到会听取意见建议，并当场表态，使倾听普通员工的声音成为经理不可少的工作，同时给每个人参与企业经营的权利和责任。一名工会主席说："我乐意接受这个方法，它使员工感到自己是公司的重要一员。"此举有效地克服了管理层的官僚主义，给公司带来了明显的效益。与群策群力相呼应的还有寻求最佳作业。20世纪 90 年代中期，韦尔奇提倡内部相互学习，并向公司外部的企业学习，他清楚，最终的竞争优势取决于一个企业的学习能力以及将其迅速转化为行动的能力。在寻求最佳作业的过程中也密切了与其他企业的联系，共同分享成果。GE 由此采纳了其他公司的六西格玛质量管理、新产品介绍技术、高效原料供应技术乃至如何打入中国市场的方法。

韦尔奇认为，使人们释放出创造力的主要途径是无边界管理，因而他鼓励员工的交流与合作，培养团队精神。为促进跨部门的合作，公司广泛采用矩阵式组织结构和项目小组制，甚至将无边界行为扩大到公司之外，让客户、供应商也直接参与到研制和开发过程中来。同步跟进的奖励制度既奖励创意的发起者，也奖励创意的采纳者或执行者。GE 的股票也成为奖品。

在边界、繁文缛节等障碍被清除之后，这个组织会加速前进，新产品会以前所未有的速度推出，资产周转率不断提高。1995 年，公司的库存周转次数由以往的一年 2.6 次提高到一年 9 次。韦尔奇上任后，GE 的营业收入、税后利润、每股利润等每年均保持两位数的增长速度。

六、利益平衡力

2004 年，笔者在杭萧钢构进行执行力培训。培训之余，董事长单银木在与我探讨"究竟什么是管理精髓"时，很凝重地说了一句话：平衡是管理最基本的因素。我觉得他说得很简洁，也很透彻。尤其是企业处于变革状态时，利益的平衡就成为对领导者最基本的考验。利益的失衡如果处理不当，有可能导致变革领导者的"滑铁卢"，如当年的李汉生在方正数码进行的变革。

企业在变革过程中往往会遇到阻力，阻力产生的最重要的一个原因就是企业的管理者或员工在个人利益和整体利益上难以取舍。一般而言，企业变革的目标就是要追求企业整体利益的最大化，这与组织内各个利益主体的根本利益是一致的，但是，组织利益最大化的实现需要利益主体的有效组合，这样就必然会对组织内各个主体的权利和利益进行重新分配。由此，一些群体和个人的既得利益就会有所损失。这就要求企业的员工要有一种"舍小家，顾大家"的全局意识，从组织的整体利益和全局利益去看待变革的意义。然而，在现实中，一些管理者和员工很难不顾及自己的个人利益和短期利益，对不利于自己利益的变革措施采取或明或暗的抵制。

变革意味着企业利益调整和重新分配，因此，在变革的过程中，必须注意各种利益的平衡，作为变革领导者，要具备利益平衡力。

（一）恰当处理变革中的三方利益关系

笔者曾经提出一个"七二一理论"：任何企业的变革，一般都有大约20%的人支持，10%的人反对，70%的人观望。因此，变革的关键是要使支持变革的20%力量强大，以这20%的强大力量去影响和争取70%的观望派。

一是对于变革支持者应给予激励。变革支持者是变革领导者的主要依靠力量，要给予引导和鼓励，采取如岗位的提升、薪酬增加等措施，使变革支持者的力量强大。在选拔中高层领导时，要注意他们在变革中的表现。如果中高层领导都在20%的支持变革的人群里，那么变革成功的可能性就会大大增加。其中最有效的方法就是使组织的领导者也成为组织的所有者，也就是利益相关者。

二是加强与观望者的沟通。由于这部分人员的数量最多、比例最大，影响力也最大，所以尽量不要损害这部分人员的利益。如果其利益受损，势必会使得这部分人员倒戈，成为变革的抵抗者，加大企业变革进程中的阻力。相反，应该保持其既得利益，并采取积极的措施与观望者加强沟通，争取这部分人员的支持。

究其根本，沟通就是指如何消除人们的抵触情绪。这在试图动员经历过变革失败的老员工时显得尤为重要。沟通有助于让老员工形成工作团队，发现潜藏的问题并找到解决的办法。有效的沟通能够使员工明确变革的目标，及时了解变革的进程，提高他们参加变革的主动性，获得更好的变革效果。

三是正确处理与变革抵抗者的利益关系。变革必然会引起利益分配的不均，引起部分人员的反对，因此，必须正确处理与抵抗者的利益关系，保证他们的应得利益。但同时也应该注意，要建立一支变革的团队，通过团队来进行强有力的变革，因此，抵抗者不应该在变革团队中占据主要位置。

总之，在变革的过程中必然涉及利益调整和重新分配，因此，一定要处理好各方的利益关系。在这个过程中，领导者一定要做到：培育并整合所有利益相关者对于企业的承诺，这将使企业实现长期成功的可能性达到最大化。也就是说，企业要使得所有利益相关者的利益保持协调一致。

(二) 正确处理各利益相关者的关系

在当今取得成功的几乎所有企业中，无论他们是全球性的跨国公司还是中国的本土企业，无论是国有企业还是民营企业，无论是企业改制还是事业单位企业化改制，领导者们越来越达成这样一个共识：培育并整合所有利益相关者对于企业的承诺，将会使企业实现长期成功的可能性达到最大。由于人们现在可以广泛接触到信息，因此，沟通的连贯性变得越来越重要了。所有的利益相关者，其中包括股东、管理层、员工、客户以及政府机构，都可以从企业的领导者那里得到持续不断的信息，从而保持对于变革的清晰认识。

这些利益相关者包括企业的老员工和新员工、股东和经理人、高层和中层、企业和政府以及岗位利益相关者等。企业在变革的进程中，必然涉及这些利益相关者之间利益的调整。该怎样处理这些利益相关者之间的关系是变革是否成功的关键。

一是老人和新人。在任何一个企业中，新员工和老员工之间都会产生矛盾，而这种冲突矛盾的实质就是利益和权利的再分配。那么该怎样融合二者之间的关系呢，在这方面，华立集团给我们提供了很好的经验。董事长汪力成采取的"搓麻将"的方式很有特点，不仅加快了新老员工之间的融合，而且还强化了相互的了解和认同。

事实上，华立也经历过这种失败，1984年华立第一次引进新员工时，没有处理好新旧员工之间的关系，造成很多引进的新员工离开了华立。但也正是此次教训，使汪力成心中有了"解决新老员工之间的矛盾不能操之过急，双方利益都要考虑"的原则。如果这个矛盾处理过激，可能不仅不能解决问题，反而会给企业带来更加消极的影响。

华立集团迁址到杭州后，又招聘了大量杭州以及其他地方的人，这次汪力成谨慎了很多。首先是中层干部的50%任用杭州人，使余杭人和杭州人在中层平分天下，主要是让杭州人的观念冲击余杭人的观念，同时通过工作让双方对对方有全面的了解。有了矛盾怎么办，汪力成大会小会讲团结，并对个别制造矛盾的员工进行说服教育，严重者进行处理。在照顾老员工利益的同时，对新人进行教育，向他们解说老员工创业的艰辛。经过2~3年的磨合，双方的距离拉近了，一方面，余杭人接受了杭州人的市场观念；另一方面，杭州人也了解了华立创业者的艰辛，学会了和余杭人相处。

针对高层仍然全部是余杭人的局面，汪力成在稳固了中层的基础上开始把一些新生力量引入高层，比如将毕业于日本京都大学并在任天堂公司担任过要职的王渊龙引入集团董事会。如今，中高层大多数是外地人。汪力成强调：这个过程一定要柔和，要慎重，就像"搓麻将"。在一次谈话中，汪力成意味深长地讲："这种'搓麻将'方式在很大程度上是依靠我个人的权威在协调，这种问题的解决不能急于求成，对老人的利益要进行尽量合理的安排，对新人进行不断的教育，让他们不能忘记历史。"

方太厨具在处理这种问题时也显示出了"以人为本"的原则，在大量从跨国公司引进职业经理人的同时，为那些曾经为方太的成长作出巨大贡献的老人提供了内部创业的机会和政策。

二是股东和经理人。变革过程往往是股东利益与经理人利益的一次调整，因此，股东和管理人之间的关系变得很微妙。如果不能得到很好的处理，可能会导致变革夭折，甚至造成剧烈的人际冲突，从而给企业造成不可估量的损害。当年兰州黄河集团的董事长与总经理之间的冲突，近来的健力宝变局都是典型的案例，国有企业改革中的这种故事就数不胜数了，即使彩电业的昔日龙头长虹彩电也不能脱俗。

股东与经理人是一对矛盾，也是一对不可分离的伙伴。在变革中处理好老板与经理人之间的关系是成功的关键。

三是企业和政府。在现阶段，中国企业的变革与政府有着密切的关系，如果处理不好，不仅变革夭折，而且很可能会出现法律事件，变革领导者有可能锒铛入狱。因此，必须和政府机构建立良好的关系，取得政府支持及相应政策。当年，华立集团决定"迁都"时，曾经引起了当地政府的担心：自己辛辛苦苦培育的重点企业，一夜之间变成了别人的，一大块财源没有了。在汪力成看来：企业迁址是一个战略问题，关乎企业的长远发展。迁址在寻求新的发展的同时，意味着要放弃很多既得的关系和利益，要承担新的风险。迁址是寻找新的资源而不是放弃现有的资源。所以华立与当地政府达成共识：总部迁址后，原有企业存量的纳税渠道不变，总部的注册地仍然在余杭。这样既取得了当地政府的支持，又实现了异地发展的目标。

华立迁至杭州，落户在高新技术开发区，并主动给自己找了个"婆婆"，即依托浙江省机械工业厅为主管部门，从此华立如鱼得水，进入了发展的新阶段，连续作出了大文章：首先是广揽人才，特别是有实践经验和高学历的人才；其次是公司依托省会城市和高新技术开发区的优势，和金融机构建立了联系，打通了融资渠道；再次是充分利用杭州的人文和自然环境，进行一系列的招商引资活动和产品推销活动，打通了同外部的联系；最后是加大了公司的宣传力度，积极参加浙江省和杭州市的各项公益活动，迅速提高了公司的知名度。

另外一家同时与华立"迁都"杭州的著名企业因未处理好与原属地政府的关系，最后，把已经迁来的总部又无奈地搬回了原地。

由此可见，企业必须和外部所处的社会组织和机构建立起良好的关系，保持利益上的一致性，使它们成为利益相关者。只有这样，企业变革才能顺利实现，才能实现可持续的发展。

四是高层和中层。在领导的目的和方式上，中层管理者与高级管理者是不同的。高级管理者往往决定着企业的战略方向，而中级管理管理人员的作用更多地体现在执行力上。我们说，企业的发展速度要加快、规模要扩大、管理要提升，除了要有好的决策班子、好的发展战略、好的管理体系外，更重要的是要有企业中层的执行力。执行力就是企业中间层理解并组织实施的能力。中层经理人既是执行者，又是领导者。他们的作用发挥得好，是高层联系基层的一座桥梁；发挥得不好，是横在高层与基层之间的一堵墙。企业决策层对各种方案的认可，需要得到中层的严格执行和组织实施。如果企业全体中层队伍的执行力很弱，与决策方案无法相匹配，那么企业的各种方案都是无法实施成功的。

特别是在变革时期，可能受到冲击最大的是中层或高层的一部分，他们中间的利益格局可能会发生重大调整，而且他们手上掌握一定的资源，如果他们的利益不能得到有效保障，利益关系处理失当，可能会酿成不堪的后果。

2002 年 8 月 22 日，江阴机械制造有限公司董事长张时兴被董事会 7 名董事中的其他 6 名董事一致通过决议免职，这是怎么回事呢。江阴机械是一家老国有企业，1982 年以前一直处于亏损状态。1982 年，张时兴主持工作，开始扭亏为盈，到 1993 年盈利 1.3 亿元，1997 年改制，国家持股 20%，张时兴持股 8%，其他副厂级干部持股 4%，另外中层 48 人分别持有股份，余下 16.3% 为职工持股会（300 人）持有。2000 年，江阴机械第二次改制，20% 的国家股全部退出，张时兴持股增加到 18%（其中 50% 为奖励股份），另 4 位副总持股总数为 18%。2001 年，股东大会讨论通过，公司增资扩股，1000 万股本增加到 1800 万股，张时兴出资 500 万元，持股增加到 42%，另外 300 万元由其余副总经理分别出资。由于股本金巨大，他们以企业名义向银行贷款，由个人偿还本息。

2002 年 8 月 20 日，召开董事会，其余 6 名董事相继发言并签字，要求废除 800 万元增资，显然，他们觉得改革对他们是不公平的。在他们眼里，张时兴获得了太多的利益和权力，他们公开提出限制董事长的权力，5 万元以上的业务必须经 7 名董事共同签字，并拿出签字文件让张时兴签署。张时兴拒绝，次日张时兴向政府汇报，但政府承诺只能协调，结果"政变者"单方面召开董事会"罢免"了张时兴的一切职务。张时兴力图通过召开中层干部会议来挽回败局，但无一人参加。后来，张时兴被强行赶出办公室，并进行审计，尽管没有查出问题，但张时兴辛辛苦苦经营的企业转眼间成了别人的天下。

因此，在变革的过程中，必须综合考虑企业各方的利益关系，特别是中层的利益必须慎重对待，注意建立利益共同体和长期利益分享计划。对于那些企业所认可的可长期发展的中层领导，公司高层一定要接纳，建立利益共同体和长期利益分享计划，提高这部分员工的积极性。

五是岗位利益之间。变革中的岗位利益冲突也是比较普遍的，因为变革必然涉及岗位利益的重新调整。当然，我们可以通过岗位评价的方法来衡量企业内部岗位利益的分配是否公平、合理。但是，这种评价不能确保完全的公平。岗位评价只是对统一组织内部不同岗位之间相对价值进行系统评价过程，值得注意的是：第一，岗位评价确立各个岗位之间相对价值的大小，而不是确定各个岗位的绝对价值。第二，岗位评价是对"岗位"进行的价值判断，而不是针对实际从事这些工作的员工。在岗位评价的过程中经常出现的问题是将岗位与该岗位的员工进行混淆。事实上，对"人"的评价是通过人才素质测评和绩效评估来实现的。因此，目前实现岗位工资制度的企业，也需要考虑技能工资及绩效工资，以区别在相同岗位上工作的人对组织的不同贡献。

需要强调的是，岗位评价过程实际上是一个组织内部的员工通过一种方法协调各方的利益分配，从而达到内部分配的公平的过程。在这个过程中，应该特别强调员工全程参与，不仅使员工了解岗位工资的设置原则，而且也尽量使分配体系更加公平、合理，激励员工努力工作，为公司创造更大价值。

　　以上我们分析了变革过程中要正确处理各方的利益关系。我们必须认识到，变革就意味着利益的重新调整和分配，变革就是利益的重新分配。因此，领导者必须正确平衡企业内部各方的利益分配关系，确保企业变革成功。

第三章 变革领导的七大心法

智者 "创造" 的机会，比他 "遇见" 的多得多

————弗兰西斯·培根

企业变革的成功至今没有公式，否则也不会有那么多的企业在变革中遭遇失败。但试图发掘那些在变革中重获新生的企业成功的诀窍时，我们发现这些推动变革的领导人的确有很多共同点。从 IBM 的郭士纳、戴尔电脑的迈克尔·戴尔，到宏碁集团的施振荣、海尔的张瑞敏、华立集团的汪力成，无论他们是在将一艘巨轮调整航向，还是打破旧有规则，创造一艘新的战舰，都是面对变革的积极挑战者。他们对于自己、对于别人、对于变革的态度，他们的行事理念、工作作风，以及对于人的理解，都表现出一些惊人的相似。

那么，在这背后支撑他们的又是什么呢，变革领导力的深层驱动在哪里呢。当透过这些变革型领导的行为再往深处推敲时，我们发现，成功的变革领导者对于企业内外的变革信念坚定，积极乐观，重视细节……归纳起来，这些领导者大都遵循了七条心法。

第一节　心诚则灵

一、凌志车：信念的产物

大家都知道日本丰田公司的豪华车型——凌志车，但是却不了解"凌志"车的诞生过程充满了信心和力量。

当年，丰田车进入美国市场后虽然站稳了脚跟，但是令美国丰田公司高层郁闷的是，他们很多事业有成的美国朋友中很少有人会考虑购买丰田汽车，而认为奔驰、宝马比较符合他们的身份与风格。不服输的日本管理人员认为，生产高品质、省油、经济型的汽车有什么不好，丰田公司没有理由制造不出豪华级的汽车。这种想法在高层的一些人眼里成了"不可完成的任务"，但是，总工程师铃木一郎成为了"豪华车梦想"的积极支持者。他发誓：我们一定要制造出比奔驰、宝马都要好的车来。

不过，他的誓言使他成为很多人眼里的疯子。当然，这个被公司称为"飞人乔丹"的总工程师有着狂热的成功信念。

经过大量调查，铃木发现，人们之所以喜欢奔驰、宝马、奥迪等豪华车，主要是它们能够体现身份，而这些车体现身份的标志是外形、速度、操控感受。于是，他心中以奔驰、宝马作为超越的对象，并拟定了具体的目标，即凌志 LS 400 的标准：

时速：250km/h，超过奔驰 SE/560SE 的 222km/h、宝马 735i 的 220km/h。

噪音：在高速行驶时达到极度安静的目标：100km/h 时速以下是 58 分贝，200 km/h 时速以下为 78 分贝，低于奔驰 SE/560SE 100km/h 时的 61 分贝、与 200km/h 时的 76 分贝接近，低于宝马 735i 100km/h 时的 63 分贝、与 200km/h 时的 78 分贝相同。

风阻系数：0.28~0.29，低于奔驰 SE/560SE 的 0.32 和宝马 735i 的 0.37。

……

"当我向丰田的工程师们展示这些目标时，他们全都笑我，说这是不可能的"，铃木说。铃木毫不理会，提出了更加苛刻的目标：高速行驶下的稳定，同时还要乘坐舒适；快速平稳，同时还要低耗油量；极度安静，同时还要轻重量；外形优雅，同时还要空气阻力低；人性化的亲切感，同时还要内部功能出色；高速行驶下的稳定，同时还要低摩擦。

当项目组的工程师听了这样的要求后惊呆了。一位工程主管直截了当地告诉铃木："听着，丰田所生产的产品已经是极高品质，要引进更精密的设备以生产出符合你要求的准确与精密度是做不到的。你的要求太过分了！"

但就是这样"不可能完成的任务"，在铃木带领下的项目组历经艰难，终于达成了目标。凌志车问世后，这单一车款的年销售量就等于奔驰三种主要车款总和的 2.7 倍，自从 2002 年以来一直是美国市场上最畅销的豪华车。

这看起来是个技术创新的成果，实际上是强烈信念的结果。如果没有铃木等人的强烈信念，凌志车恐怕还在争论的计划里。

作为变革的领导人，在一定意义上，你是在向公司全体员工推销你的变革方案。如果你自己不能确认变革能够成功的话，甚至对于变革持有畏惧的态度，那你不可能取得成功。那些成功的领导者，虽然在前进的每一步路上都是战战兢兢、如履薄冰，但他们的内心深处却有着坚定的信念，对未来有着清晰的图景：他们是有掌控力的人，他们正在通过驾驭变革，将公司向好的方向推进。

二、相信，你才能看见！

《圣经》里有一段话：信念就是对你没有看到的事物的一种自信。著名成功学大师拿破仑·希尔指出："成功者就是那些拥有坚强信念的普通人……心存疑惑，就会失败；相信胜利，必定成功。相信自己能够移山的人，会成就事业；认为自己不能的人，一辈子一事无成。"

面对复杂的变革，目标具有高度的不确定性，甚至可能导致失败。领导者如果没有强烈的信念，变革就很难达到目的。正如甲骨文公司 CEO 阿瑟鲁夫·塞迪克所说，"你自己首先要有信念，然后才能让别人相信"。

当今，"变"已成了唯一的不变，变革呼唤卓越的领导者。卓越领导者之所以卓越，就在于多数人熟知过去，只有少数人能够预见未来；多数人因为看见了才相信，只有少数人因为相信才看得见；多数人期望从别人处得到答案，只有少数人会自己发掘答案；多数人遵循既有的游戏规则，只有少数人能够创造新的游戏规则。卓越领导者就是这样的少数人。

20 世纪 50 年代初，当索尼还是一家很小的企业时，它宣称的目标是"成为最知名的企业，改变日本产品在世界上的劣质形象"。20 年后，日本产品不再被视做"劣质低价"的代名词，索尼更是成为高品质产品的代表，成为全球消费电子领域的"领跑者"。没有盛田昭夫对未来的敏锐洞察与雄心，我们不可能想象索尼能在众多企业中脱颖而出，在欧美企业的夹缝中成长起来。

1997 年盛夏，雄心依然的施振荣在一次记者招待会上对各国记者慷慨宣布："宏碁将进入软件时代。"他说："到 2010 年，宏碁将拥有 100 家软件公司。其营业额将达公司总额的 15%，利润占 33%。"对主要生产电脑硬件的宏碁而言，这等于是一个激烈的转向。当然，目前的情况是，硬件制造的销售利润率越来越低，而软件市场则势头强劲。施振荣称自己不光是一个梦想家，也绝对是一个实践家。"所有大家不愿意去碰的东西，我绝对敢去碰。"在施振荣眼里，PC 价格高、不容易用是科技的耻辱，"一定要平民化，价钱太贵了，不能普及，是不对的。或许我们现在推 XC，时机不对，条件不成熟，而且有阻挠，但不管是什么原因，我一直怀有这样一个理想。当然，我们不能壮志未酬身先死，所以，首先我们的命一定要在，我们并不急着要在今天成功，明天或者后天成功也没有关系。但是，我们一定要去克服 PC 存在的这些问题，因为这是全世界消费者所希望达到的目标。一个企业就是要达到这些远大的目标，所做的事情才能博得人家的尊敬。这是我们做企业的理念。"

宏碁公司能够从一家 1976 年登记资本额仅为 100 万新台币、员工 11 人、从事贸易及产品设计的公司，发展成为至 2004 年的销售额近 60 亿美元、整体销售列全球前五的个人电脑品牌，同施振荣的远见卓识是分不开的。20多年的成长道路并不平坦，宏碁先后历经了20世纪90年代初国际化受阻、自有品牌和代工业务之间的冲突等挑战。如果没有"推广微处理机应用，营造人性本善的企业文化和员工入股"的经营观念，没有三次战略转型和组织变革，就没有宏碁的今天。按照宏碁新任CEO王振堂的说法，"施先生相当有雅量，大力支持我的改革。施振荣看得远、广、深，不能马上获利的事情，他仍然会去做。"

变革领导必须具有预见力。能够经常从社会发展和市场的角度来反观企业，引领变革。预见力常常基于直觉，因为变革领导屹立于时代的潮头浪尖，面对的是一个未知的世界。然而，他坚定地要做一番有利于社会的事业的信仰告诉他，这种选择从长远来讲是有利于员工和各方面的相关利益者的。因此，纵然有各种各样的由于不理解或局部利益受损带来的群体阻力，变革领导能够说服他们，坚定地朝着未来的目标迈进。因为他坚定的相信自己是在做善事，他能够看到别人尚未看到的未来的美好图景，所以他坚持，而最终这种图景将中会展现在世人，包括那些曾经怀疑的人面前。

领导者一旦有了强烈的信心，就会在潜意识中转化为一种"积极的感情"，从而激发内心深处的热情、精力和智慧，对于变革中出现的各类挫折与问题才能有一颗平常心。正如我的一位学兄，也是一位企业家的朋友用开玩笑的口吻说："每当遇到挫折，我就想上帝又在考验我了。"

相反，那些不敢面对现实、对变革充满恐惧的企业管理者则不可能胜任引领企业变革的挑战。对于习惯于"摸着石头过河"和"跟着感觉走"的诸多中国企业来说，一定要抬起头来，去管理明天。因为今天出的问题根源在昨天，明天的问题根源在今天，没有能力进行战略透视，企业很难有明天。

第二节　跳跃成长

企业是怎样成长的，这个话题似乎没有什么实质意义，但是答案却并不是容易得出。企业的成长似乎是连续性的，比如，我们一般都接受企业的生命周期论：创业—成长—成熟—衰老—创新和死亡。然而，这个看似简单的成长逻辑背后并不像逻辑的表面那样容易理解。从现实看，一个企业的成长实际上是在跳跃中成长的，成长的过程中有很多"断茬"，也就是表现出非连续性的特征，用彼得·德鲁克的话说，我们处于一个非连续的时代，这一点与人的成长路程似乎不太一致，如英特尔由存储器核心战略向微处理器核心战略的跳跃，诺基亚由木材商向移动通信领域的跨越，IBM 由计算机硬件制造商向咨询服务的转移等，中国企业往往也可以看到这样的身影。

而如此跳跃的关键枢纽就是变革。掌握了变革的技术，就掌握了非连续性的规律。

一、非连续时代的生存

彼得·德鲁克在题为《非连续性的时代》中声称，非连续点的出现越来越频繁，要想找到一种不是正在发生的或隐隐出现的非连续行业越来越困难。正是由于行业发展的非连续性，造成了一些企业的迅速崛起，也导致了一些曾经是行业龙头的企业的消失。

迈克尔·哈默在《领导企业变革》一书中讲道：我们正站在新时代——变革时代的入口。在意识里，我们知道新时代已经来临；而内心里，我们无法确定是否欢迎它。但我们知道，这将是一个变动的时代、一个无序的时代，而变化也在改变，它不再是累加的，不再是以直线方式运动。在21 世纪，变化是不连续的、突然来临的、具有煽动性的。在 25~30 年的时间里，破译一个人基因的成本从数百万美元降至一百美元左右，存储一兆数据的成本从数百美元降至基本为零的水平。迅速变化的形势往往使企业经营在昨天取胜的原则在今天变得陈旧。美国柯达与中国乐凯目前的困境、索尼遭遇的严峻挑战、中国一些传统商业零售企业的衰败不正是这种非连续性的产物吗。

变革或者死亡！

在生与死面前，请收起所有借口！

在 20 世纪 60~70 年代，IBM 一直是排在财富 500 强前几位的明星企业，并以其强大的技术能力和稳健的文化而著称。但从 70 年代末开始，先是苹果电脑，后是"麦金托什"电脑，打开了一个巨大的个人电脑市场，得到了迅猛的成长，一度居于统治地位。"蓝色巨人"经过一番痛苦的反思，将其业务重点调整到个人电脑市场，奋起直追，并依靠其技术实力得以重振雄风，再度居于领头羊的位置。此后，惠普、康柏等公司纷纷投身于个人电脑这块潜力巨人的市场上，一时高手云集。但好景不长，到了1993 年，IBM 陷入了严重的财政危机，一度亏损达上百亿美元。而此时，一个年仅 28 岁的小伙子迈克尔·戴尔带领以他名字命名的公司脱颖而出，成为电脑界的黑马。到了 1997 年，戴尔看准了互联网对商务模式的深远意义，依靠互联网进行直销，为客户提供个人电脑定制服务，借此取代了IBM，奠定了在 21 世纪全球个人电脑市场上的领头羊位置。与此同时，比尔·盖茨瞅准了个人电脑需要软件才能发挥作用这一市场空白，用了不到 20 年的时间创立了无以匹敌的微软帝国。依托其强大的技术实力，IBM 是无可匹敌的。

21 世纪初，中国家电业巨头们面对国美电器崛起而产生的强烈反应，以及大型商业零售企业对国美的"围剿"都表明了一个新时代的来临。

在当今这个动荡剧变的时代，要求企业用革命性的变革代替渐进式的变革。管理者作为变革的推动者和代言人，应有足够的毅力、勇气和信心，推动组织的创新，以使组织的成果得到改进。

借用生物演进的说法，这是一个间断均衡的世界，在这个世界上，改变了事物逐渐发生的方式，瞬间就会产生新的生活方式。我们今天生活的世界愈发间断，而且不均衡。在这个新时代，即使那些曾经多次走上财富杂志封面的公司，也可能突然崩塌；东芝、日立这样的企业也大幅度亏损，最终被迫裁员。这些企业没有进步吗，不然。众多的、有才干的中层管理者一直兢兢业业于企业管理点滴间的进步。失败的原因在于，他们没有变革企业的做事方式，危机便在企业内逐渐累积起来，等到不能承受的那一天，便会突然爆发，吞噬掉整个企业。

三星电子 CEO 尹钟龙深有感触地说：生存不属于那些最能适应目前环境的企业，而属于那些最能够适应变化的环境的企业。

二、成长的量变与质变

企业如同一个生命体，也要经历从年幼走向成熟的过程，而现代企业追求的目标则是可持续成长。企业成长包括两层含义：一是"量"的扩大以及经营资源单纯量的增加，表现为资产的增值、销售额的增加、盈利的提高、人员的增加等；二是"质"的变革与创新，指经营资源的性质变化、结构的重构、支配主体的革新等，如企业创新能力的增强、对环境适应能力的增强等。

如果没有质的创新，企业就难以适应变化着的外部环境，不能把握市场机遇，也就难以实现量的继续增长。

企业的成长过程不会是一条平滑的曲线，量变积累达到一定程度会发生质变，企业在质变时期必然要经历人员、观念、组织等方面的动荡。所谓质变，实际上是企业成长过程中的一个危机点（或叫战略转折点），是危险与机会并存的地方，也是决定企业能否持续生存的关键点。

从企业生命周期来看，企业发展的不同阶段通常会面临一些普遍的危机。在创业初期，企业内部的危机主要表现为领导危机，外部主要表现为客户危机，企业需要强有力的领导去把握发展机会和方向，并通过创意与关系资源而成长。到了生存阶段，企业内部需要克服自主危机，外部需要克服利润危机，这些危机需要通过加强管理来消除。度过了生存危机后，企业会有一个较为迅速的发展时期，此时企业内部面临控制危机，外部面临资源危机，稳步前进。到了腾飞和成熟阶段，企业开始从巅峰走向下坡路，企业面对的是如何克服自身僵化的危机，即如何通过创新与合作，使企业进一步获得新生。可以说，始终伴随企业发展的就是内外部环境的变化。

在这样一个非连续性成长的环境中，企业必须保持敏感性，警惕可能出现的危机。通过战略、组织和文化上的变革，推动企业的新一轮增长。处于成长期的中国企业固然有不少战略冒进的案例，然而，追求稳定和改良的传统文化使得不少企业容易落入战略保守的陷阱。如果我们认为企业的寿命周期曲线为 S 曲线的话，显然，这一曲线上存在两个转折点，如图3-1 所示。

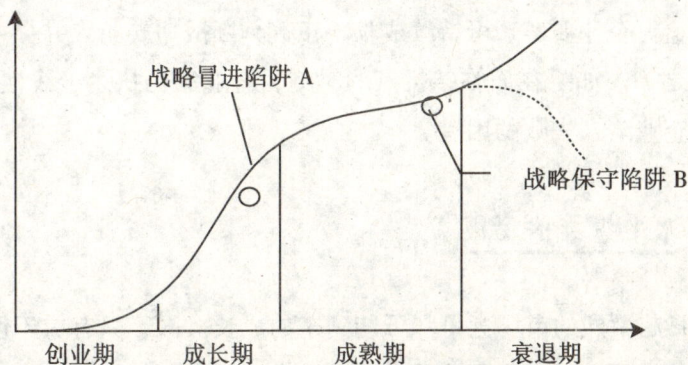

图 3-1 企业生命周期及其陷阱

战略陷阱本质上是有关资源转移的，企业家的重要作用就是正确判断转移的黄金时刻。格鲁夫曾以"战略转折点"的概念对这一黄金时刻做过经验性的描述，他认为，在现有战略依然有效，企业业绩仍在上升，客户与协作企业仍然交口称赞，但你的雷达屏幕上却出现了值得警惕的重要光点的那一时刻，那就该考虑和作出战略转移选择了。

什么叫转折点，在数学意义上，当曲线的斜率开始改变时，比如由负变正（或相反）的时候，就出现了转折点（我们俗称拐点）。

格鲁夫认为企业战略问题也是如此。企业发展到一定阶段，就会遇到战略转折点，在转折点上，旧的战略被新的战略所代替，就会使企业上升到一个新的高度。但是，如果不经过转折点，依然采用旧的战略，你的企业就会先上升到一个高峰，然后滑向低谷。

战略转折点的概念可能使我们对图 3-1 中 A 点和 B 点的定位有一个更准确的说法。那就是，战略转移决策应在转折点 A 与 B 之间作出，在 B 之前行动。经验告诉我们，精明的企业家都知道变化在发生，也知道应该朝什么方向走，但通常行动的太迟。过迟行动的后果远比过早行动的后果严重，如果行动过早，原有的产业依然健在，即使做错决定，也容易及时挽回。比如，可以把调配到新岗位上的人员重新调回原岗位，他们在原岗位已经驾轻就熟，重操旧业不成问题。但如果决策层总是倾向抓住旧事业不放手，作出过迟的战略行动，就可能陷入不可逆转的滑落局面。

经验表明，经历了转折点的变化而开始走向衰退的企业，很少能重获当年的昌盛。企业要实现可持续成长，正确判断战略转折点并果敢行动是必要条件之一。如果在面临转折点的时刻，企业家仍执迷于线性的进步，很可能使企业陷入失败的困境。

三、水平思维的突破

面对日趋激烈的市场竞争和可能到来的成长极限，只有勇于创新才能获得生存与发展，创新是商业思维的原动力，没有创新便没有进步，只有通过不断创新才能实现对现状的突破。要实现创新，首先要有突破的态度，不拘泥于遗忘成功的经验，保持观念的流动性。

企业发展的停滞从企业员工，尤其是企业领导人思想的停滞开始。如果企业家只是沿着一条线往前走，目光仅仅盯在一点点地改进现有工作上，企业的效率可能会逐步提升。然而，这其中也就开始孕育了危机。亨利·福特所发明的 T 型车改变了人类对汽车仅属于社会上层人的概念，有力地改变了人类的生活方式。然而，仅仅依靠大规模的流水线生产，借此降低汽车生产成本的生产方式，仅仅生产一种款式的汽车，已经不能适应 20 世纪 40 年代美国人的消费需求。当通用汽车公司开发的式样新颖、颜色别致的雪佛莱汽车开始占据大量市场的时候，老福特仍然固执地认为"美国人只需要一种汽车——黑色的 T 型者"。在其后的多半个世纪里，汽车业鼻祖的福特汽车公司在美国只能屈居老二的位置。

《纽约时报》"普利策奖"的获奖记者 Brooks Atkinson 曾经说过:"最致命的幻想是那些固定不变的观念。生活在进行和流动着,一成不变的观念只会扼杀了我们自己。"好的想法经常没有被转化为行动。就像体重的增加一样,停滞与缺乏流动性总是日积月累的。我们最常见的缺乏流动性的迹象是:

(1)我们总用一种方法做一件事情。我们并未挑战自己的设想、方法和工作流程。

(2)只从我们自己的经验当中学习。事实上,借鉴的效果将更好。这不仅因为借鉴所带来的伤害少一些,也因为它是学习的捷径。

(3)成为习惯的奴隶。我们很容易步入将我们自己与新方法、新学习相隔离的路线中,所以,我们的思想也成了重复、老生常谈和教条的牺牲品。

(4)知道一切答案。平庸的人认为自己知道任何事情的答案,他们不为任何东西所打动和震惊。

(5)自满自足。只有平庸的人才总是认为自己已经做到最好。如果我对自己的专业和能力的水平都感到非常满意,那么我就没有了学习的动力,我不会想发展或者挑战我自己。

(6)害怕尝试。我们依然坐着幻想我们有一天要做点什么,如果我们没有为自己的梦想迈出坚实稳健的脚步,那么我们自满的心墙将越筑越高、越筑越厚。

(7)模糊的焦点。我们认为,如果我们不知道自己想去哪里,要坚持什么,为什么我们现状如此,那么任何经历和学习将告诉我们答案。而事实上,我们始终徘徊着期待最好。

要使企业不在竞争的环境中落伍,企业家必须目光向外,关注政治、经济、社会、人口、技术变革的趋势,从新的角度来思考企业发展中的问题,寻求突破变革之道。这也就是所谓的水平思维。

《六顶思考帽》的作者爱德华·德·波诺这样解释水平思维与垂直思维(即逻辑思维)的区别:垂直思维是分析性的,水平思维是启发性的;垂直思维按部就班，水平思维可以跳跃；做垂直思维时，每一步必须准确无误，否则无法得出正确的结论。而水平思维旨在寻找创造性的新想法，不必要求思维过程的每一步都正确无误。在垂直思维中，使用否定来堵死某些途径，而水平思维中没有否定。他比喻说，垂直思维是在深挖一个洞，水平思维是尝试在别处挖洞。把一个洞挖得再深，你也不可能得到两个洞。因此，垂直思维是为了把一个洞挖得更深的工具，而水平思维则是用来在别的地方挖另外一个洞的工具。

水平思维是一种实际性的创造思维技巧。创造性思维是一种思维的态度，是对于传统思维习惯的摆脱，是一种特殊的格式和技术，是对于功能性新词汇的运用。水平思维就是这一切的综合。我们需要经过学习和不断的练习以便最终熟练地使用水平思维，使其成为思维的组成部分。

第三节　变革是机会而不是风险

古老的《易经》告诉我们："变易"是生命界的基本规律，《易·系辞上传》说："生生之谓易。""易"就是天地万物生生不息的变化；"变化者，进退之象也"，而变化总是先表现为危机或问题。

面对变革的挑战，一些企业领导人首先想到的是巨大的风险与艰难，因此，虽然他们内心深处也有危机感的存在，却往往望而生畏，幻想企业能够通过不断的改善而生存下来。有些是心怀忐忑，参考别的公司而亦步亦趋。一个优秀的领导人则把变革看做是机会而不是风险。

一、诺基亚公司的危机观

如今在移动通信领域风光无限的诺基亚在 1995 年几乎面临灭顶之灾。当时，诺基亚公司的产品创新和营销策略引爆了庞大的市场需求，但是公司的市场部门与物流运输部门却没有有效的办法及时出货，来不及让产品迅速地进入全球销售网络。这种情况引起了经销商的强烈反应和消费者的极度不满，以致市场名誉与财务损失极大，股价几乎崩盘。

然而，此刻诺基亚公司的领导者并没有出现往常连环下台的局面，也没有内部互相指责和寻找借口，而是立刻组成了一个工作小组，深入了解目前出现危机的原因。值得注意的是，诺基亚公司的此次行动并不像其他面对危机的公司那样"脚痛医脚、头痛医头"，仅仅采取缝缝补补的措施，而是从中看到了原有销售体系以及相关管理体系的固有缺陷。换句话说，在外人眼光中的尴尬处境，如今变成了体制变革的机会。经过深入的研究，工作组提出，诺基亚公司必须尽快引进新的、更加现代化的全球管理系统，而这不仅是公司重新崛起的基础，也是公司能够持续发展的主要推动要素。

当时的 CEO 约玛·欧利拉认为：任何老傻瓜都可以用正确的产品来赚大钱，稍微聪明一点的傻瓜可以用好的企业战略让好景持久一些，但只有真正聪明的人才能长期保持成功优势。因此，他的感受是：如果高尔夫球手对某个球杆丧失信心，或者几个球不理想，很可能会害怕失败，甚至预期会失败。这种对失败的恐惧有时还会提高失败的几率。任何组织如果发展成害怕失败、害怕危机、害怕问题的文化，都将可能面临真正的危机。因此，他把每次危机都视为一个新的开端，从而把诺基亚公司推向了新的顶峰。

二、警惕"温水之蛙"

变革领导者是开路先锋——他们愿意步入未知的世界，寻找改革、进步和提高的机会。尽管他们往往并不是开发新产品、新服务或新程序的人。产品和服务的革新一般来自于顾客、客户、实验室的人、位于一线的人。他们却有着这样一个共同的特征，提出新概念，并在企业内营造一种危机感和创新的氛围。

有时候外部环境的巨大变化使企业身处一个全新的环境，领导者的主要贡献则在于识别并支持好主意，愿意挑战现有的体制，得到新产品、新服务和新程序，并改变现有的体制。更准确地说，领导者是较早采用革新的人。诺基亚的"零指责"理念正是其多次将危机转为机遇的文化基因。

变革领导者清楚地知道，革新和变化有风险，可能遭受失败，但他们还是要往前走。采取小步前进的方法可以对付潜在的风险和可能的失败。积累一些小成果可以使人产生信心面对更大的挑战，可以使人们在长期内作出更大的贡献。然而，每个人对风险和不确定性的感受是不同的，领导者也要注意其追随者控制挑战性局面的能力，对变化了然于胸。如果人们觉得不安全，你不能劝人们接受风险。

20世纪90年代以前的中国商业领袖的口头禅是，"90%的时间搞关系，10%的时间搞业务"，这个观念如今被颠覆了。他们曾经借助一些非市场化的因素，抓住机遇把企业做大，成为远近闻名的商业领袖。在把企业向做强做大迈进的时候，他们遇到了一些新的挑战，特别是环境的挑战，从而颠覆了他们过去的观念。

在为企业做咨询的过程中，我经常碰到这样一类老板，从管理几个人到管理两三千人，他没有时间面对每一个部下。他要求部下见他时都要形成文字，这种习惯确实帮他节省了很多的时间，但是由此也产生了问题。首先，部下揣摩的是老板的心思，事实经过了过多的修饰。其次，远离了一手的新鲜的信息，也容易淹没企业家的创新力。丰富的经验可以把复杂的问题简单化，同时也会成为企业家的障碍。因为有了多年的经验，企业家碰到事情时没有了纠察原因的耐心，而是习惯运用经验判断，这才是企业家遇到的真正的危机。年过50岁的商业领袖达到了所想象的顶峰，却同时失去了目标与动力。年轻时发奋追求的东西已经唾手可得，见惯了欺骗，厌烦了大大小小的计谋以及没完没了的应酬，企业家容易失去前进的动力。

领导者要善于突破惯性思维的"重围"，对一个问题从多角度、多方向、多侧面进行思考，而不是拘泥于一条道路、一种形式、一种方法，也就是要善于变通思维。华立集团的案例也可以说明这一点。

与所有的传统制造业企业一样，华立集团董事长汪力成说："我们以前对资本运作是毫无认识的，我们对资本的认识是通过销售产品赚钱，钱不够，就去向银行借钱，赚了钱，去给银行付利息。这样周而复始，我们干得很累。在 1994 年、1995 年的时候，我们一直在讨论，中国的制造业企业为什么这么累，干来干去是在为银行打工。到最后才明白，中国的制造性企业的融资渠道太窄，只有间接融资一条，所以，我们一定要改变。"

在与国际著名投资银行合作两年、交了 200 多万元的学费后，华立开始摸到了资本运作的门道。1998 年，华立开始了充满挑战性的资本运作尝试，将产业扩张纳入资本经营范畴。1999 年，华立在重庆大手笔收购并重组了上市公司——原重庆川仪，并在一年后改名为华立控股，从事电工仪表制造业。之后，华立又重组了海南的另一家上市公司——ST 恒泰，将其换壳为高科技上市公司。

在资本市场尝到了甜头的华立并不止步于此，而将目光投注在了大洋彼岸的美国资本市场。2001 年 12 月 10 日，刚从美国返杭的汪力成说，华立成功收购"百年名企"皇家飞利浦所属的美国圣荷赛 CDMA 移动通信部门（包括在美国达拉斯和加拿大温哥华的研发分部），成为国内首先掌握手机芯片设计、生产核心技术的企业之一，一举进入手机生产最尖端的领域。

华立以前是一个制造企业，从作坊到工厂、从工厂到多元化的产业集团，而现在，华立的母公司已经完全摆脱了原来的商品运作范畴。华立集团母公司退出生产经营管理，成为一个纯控股经营母公司。母公司与子公司之间的关系，从原来的既是投资者，又是最高管理者，也是全部经营风险的承担者转变为只是投资者的角色。

现在的华立集团已经是个金融型控股公司，以实业运作为基础，通过投资和资本链的作用，来达到资本的增值。资本经营现在已经是华立在 21 世纪的三大发展战略之一。

如果没有汪力成挑战现状的雄心，华立不可能取得今天的业绩。按照他的说法，企业的发展实际上是一次次抓住机遇的过程。用我的话说，华立正是在一次次对自己的突破中成长的（参见拙著《华立突破》）。如果没有有准备的头脑，没有挑战的勇气，又怎么能将一家小型集体企业带入中国民企 50 强呢。

三、掌握创造性诊断

实际上，很多情况下，许多企业领导人在遇到危机或问题的时候，一般也都能够意识到问题的存在或者看到了问题的严重性，但最重要的关键因素是要进行创造性的诊断，即不仅认识到普通的问题，还能从中发现未来的迹象，而只有创造性的诊断或评估才能真正看到危机的本质并寻找到出路或转机。

企业有时会进行自我诊断，但是大多数情况下需要委托外部顾问。20世纪 80 年代，通用汽车问题重重，销售利润大幅下滑，于是委托了几家管理咨询公司分别就主要对手进行了成本、流程等方面的比较研究，并进一步揭示了通用汽车管理流程与业务流程中增加价值的部分和不能产生价值的部分，同时对流程的关键点进行了详细的分析和解剖，从而在通用汽车内部掀起了流程再造的变革。

创造性诊断意味着要能够通过现象认识到本质，同时创造性地提出解决方案并能够创造性地解决问题，因此，这种创造性诊断需要开放的心态、富于变革的决心和眼界，同时需要领导者的勇气。比如，我们曾经遇到一家纺织企业，其经营规模在业内形成了一定影响，由于存在部门扯皮、执行力不强的问题，致使迅速扩张演变成了混乱的局面，因此，企业领导邀请我们介入调查诊断。经过认真的访谈和大量的资料分析，我们得出以下结论：

从直接原因来看，公司的问题集中在以下几个方面：

（1）总部与生产基地的分离两地导致高层管理沟通不畅、管理成本增加，商务信息沟通、人力资源沟通等方面都存在难以弥补的障碍。

（2）总部与生产基地部门设置重叠且分工不清，无论是在人力资源部、财务部等职能部门，还在研发部或者信息部都存在内部混乱，比如客户信息的获取有四个部门分别收集却不能共享，以致对客户的信息反馈不是遇到多种解释和对待，就是无法合理处理，引起客户不满。

（3）生产基地的采购流程、生产计划安排流程、研发试验流程、物流系统等管理流程和业务流程环节存在问题，不能与生产计划进行有效的配合，也不能与客户的订单进行有效的配合。

（4）原料采购部门与生产部门协调存在问题，不是贻误生产周期就是采购成本很高，多次会议和沟通都不能解决问题，直接的原因是采购部门管理者的管理能力不足以及采购缺乏合理管理流程。

（5）加盟系统管理缺乏系统规范和标准，以致大批的加盟店处于失控状态，这是销售收入增加而利润率却迅速下滑的直接原因。

……

但是，根据进一步的观察和分析，笔者认为，真正的原因在于业务管理者、采购管理者、市场管理者等关键人员不能发挥关键作用，关键人员的绩效工作目标与绩效激励约束机制不配套，最高层管理者之间的战略理念与管理理念冲突无法形成一致的管理执行体系，以及部分高层管理者片面追求时髦管理理论。这些问题都是不容忽视的"地雷阵"。如果这些根本的问题不能发现或不能解决，以上那些直接的问题也很难解决，即使今天解决了，明天依然会冒出来。

第四节　搭建核心团队

俗话说"一个好汉三个帮"，单靠一个人的努力，伟大的梦想无法变成现实。没有优秀的核心团队就没有强大的组织力。领导力就是团队的努力。

据有关研究显示，测试某个人是否能成为一名领导，最简单有效的标准就是使用"我们"一词的频率。如果对卓越公司领导者的访谈语录加以关注，你就会发现这一点。作为引领企业变革的领导者，更不可能依靠单枪匹马来完成种种复杂的事务，必须要能够构建起推进变革的核心团队。

一、团队要素

美国辉瑞制药公司首席执行官汉克·麦肯奈尔说：我是一个坚定的团队工作方式信奉者。在经营一家规模庞大、结构复杂的组织时，需要获得很多的信息和各种不同的观点。而用团队的方式来领导一个复杂的组织可能是一种最好的方法，这一方面是因为它有助于获得不同观点；另一方面是因为它对于在贯彻执行过程当中得到员工的接受和支持也是非常必要的。辉瑞的组织文化中最强烈的一个组成部分就是团队合作。如果能够得到一些略微有些差异的观点，那么很可能就会产生一些创造性的火花，但是要想这种火花最终能够得到有效的利用，你还必须鼓励大家进行公开的讨论和争论。人们天生就不愿开口谈自己的想法，尤其是当他们的意见与他人不同的时候，这对于有些高层经营管理人员来说甚至是一种威胁。所以，公司的文化必须是允许而且鼓励大家进行公开讨论和争论的。只有这样，才能得到最佳的结果。作为领导者，要促进团队的建设，然后通过团队来得到想要的结果。

一个优秀的核心团队应该是一个互补型的管理团队，这个团队由不同的管理角色组成，一个人不可能具备所有管理角色的全部风格，需要不同的人扮演不同的角色，他们共同提供企业持续发展所需的各种管理要素。同时，还应是一个个性互补、技能互补和知识互补的团队。我们看看《西游记》中的唐僧团队：唐僧目标性强、个性执著、沉稳、作风宽容，是一个当之无愧的"董事长"；孙悟空聪明、个性活泼、行为能力强、有威信、忠诚，尽管有时闹些小脾气，但却是拥有大局观的人，因此是"董事长"唐僧的好帮手，也是团队的好带头人，做 CEO 没有问题；猪八戒尽管贪吃、贪色、贪睡，但毕竟有一定的能力，是孙悟空的好副手；沙僧更是一个默默无闻但却心甘情愿做辅助的好总管。

如果这个团队都换成孙悟空这样的能人是不是更好呢。在授课的过程中，我问过无数个学员，他们的回答几乎是一致的：不行。道理很简单，全部是能人的团队不一定是最优秀的团队，可能是最差的团队。

现实中的微软"铁三角"盖茨、艾伦、巴尔默三人的默契不能不成为微软崛起的最核心能力。其中盖茨的敏锐商业意识和技术能力、巴尔默的铁腕管理能力和创意、艾伦的沉稳与协调都是不可或缺的配合要素。

为了提供优质的服务，形成创新性的成果，我们在为客户提供管理咨询的过程中也非常注重互补性搭配，我称之为"掺沙子"：在一个配合比较好的项目组安排其他新人进入，以便形成创新氛围，避免思维老化。

一般情况下，团队组合需要考虑的因素有以下几个：

（1）年龄。由于年龄差异，年轻与年长的经理成长的环境、教育方式会不同，在工作中会表现出不同的价值观与行为。通常高层管理团队平均年龄越大，越倾向于回避冒险，所执行的企业战略较少发生变化，而年轻的经理们更容易改变战略，更愿意尝试创新的冒险行动。年长的经理处在把收入安全看做重要考虑因素的事业阶段，在这一阶段采取冒险行动是一个威胁，因而更愿意维持现状。同时，年长经理的学习能力、推理以及记忆等认知能力会下降，决策时更多地依靠过去的经验与信息，因此，比年轻经理更难适应环境的变化。

（2）专业背景。高层管理团队成员的专业技能可以分为两类：一类是会计、金融、法律等技能，这些技能和背景并不能提供持续竞争力；另一类包括设计、生产、营销与管理等技能，这才是关键能力，能提供核心竞争力。与成功的公司相比，破产的公司往往缺乏具有各种核心技能的专家。在复杂环境中，当公司面临多样顾客群的不同需求时，高层管理团队成员的多元化功能性背景显得特别重要。而且越是多元化经营的企业，高层管理团队越需要具备各种专业背景的成员。这些成员不仅包括传统的财务与行政管理人员，还应包括营销、研发人员等。

高层管理团队成员的专业背景会影响到公司的战略决策，特别是在管理团队中处于主导地位的领导的专业背景会导致公司战略向其专业领域内倾斜。但是多元化的团队成员的决策风格可以纠正 CEO 的决策方向，提高战略柔性。

（3）同质性与异质性。这是区分高层管理团队的又一重要角度。同质性是指高层管理团队成员间的特征以及重要态度、价值观的趋同化；异质性是指成员之间的差异化，包括认识性差异与经验性差异。高层管理团队的同质性与异质性孰优孰劣并无定论。一般认为，同质性适于解决常规问题，而异质性适于解决特殊问题。因为就同质性而言，相似的背景和经验能降低沟通障碍，使交流变得容易，但也会使成员思维趋同而遗漏机会，对问题不敏感。

通常来讲，高层管理团队成员在教育和专业背景方面越是具有多样性，就越会产生好的、创新性的战略决策。尤其是在涉及公司重新定位、环境动荡、技术变革的复杂的情况下，领导班子异质性能增强战略重新定位的灵活性，对团队绩效有积极作用。但是，如果团队内部缺乏好的非正式沟通，成员在经验上的多样性也有可能对投资回报和整个组织的绩效产生副作用。

二、团队行动

卓越的领导者能够让其他人行动起来，注重培养合作精神，在团队内部建立信任的氛围。团队工作的感觉远不只是几份直接的报告和几个亲密的朋友。核心团队的目的也在于调动所有参加变革的人，乃至所有与结果有关的人参与进来。

在一个优秀的团队中，领导者依靠的不仅是行使行政权力形成执行压力，而是通过授予权力而形成自我执行压力。如果领导者让其追随者感到自己弱小、依赖人或者与他人疏远，他们就不会尽其所能地表现自己或者在很长的时间里停滞不前。但是，如果领导者让人们觉得自己拥有强大能力——好像他们能做的比他们过去认为可能做得更多——他们将把全部的力量使出来，甚至超出他们自己的预期。如果领导是建立在这样的一种信任和自信的基础上，人们将接受风险，进行改变，赋予组织和行动以活力。通过这样的关系，领导者把他们的追随者也转变成了领导者。

要使团队成员行动起来，需要做到以下几点：

（1）严于律己，做好榜样。如果一个人连自己都管理不好，怎么会管理好其他人呢？因此，真正的管理大师首先是对自己的管理。古人云：

"其身正，不令而行；其身不正，虽令不从。"企业领导要求员工做什么，自己一定要先做到才能有资格要求别人，这是一条最直观、最实效的途径，也唯有领导人率先做榜样，员工才会心服口服。企业领导的职责远不止与团队成员交谈几句，你得鼓励你的成员，并且自己言行一致。那些告诉员工"要按我说的做"的经理会很快失去部属的尊重。

（2）容许团队成员有自己的做法。一般而言，团队的领导者都是很聪明的人，但是聪明人最大的问题往往是不太相信别人会比他做得更好，因此，总是按照自己的行为标准来要求部属和团队成员，而且不允许他们犯错误，往往导致成员积极行动动力减弱，不敢越雷池一步，从而限制了他们的聪明才智。因此，一个领导者应有宽容心态，员工如果做的不理想，不该太苛责他们，重要的是要及时给予帮助，提醒员工不能重复错误，并指出怎样才是正确的。第一次的错误可以原谅，如果相同的错误不断重复，这样的团队成员只能被淘汰了，因为他的做法会拖垮整个企业。

（3）注重多项沟通。深度沟通是核心团队存在的基础，领导者不仅注重业务信息的沟通，同时，还要倾听成员的心声，鼓励员工说出自己的看法，使团队成员之间没有曲解、误解，最终达到理解一致、行动一致。要创立一种氛围，使员工能够坦诚交流、友好相处，而不用担心明争暗斗。

（4）分享资讯和利益。在企业组织中，员工为什么留在团队中并积极行动，怎样行动才能使团队绩效最大化，答案是很简单的，员工能够在这样的团队中获得自己所需要的利益，可能是经济利益，也可能是心理需求。同时，一个团队的效率很大程度上取决于资讯分享的程度。因此，团队领导者要让每一位成员在团队中看到自己的位置和价值，做到利益和资讯共享。

三、团队效能

俗话说：兵熊熊一个，将熊熊一窝。团队达到高效能的前提是个体的目标与团队的目标一致，这就需要一个有效的领导过程。高层管理团队的领导人至关重要，他是团队与外部环境的中介，负责协调、整合、指导、激励成员，使团队顺利前进。

团队的领导效能与团队内聚力、绩效成正相关关系，这也是通常说的"领头羊"现象，也是"一头狮子带一群绵羊能够打败一只绵羊带一群狮子"的根本原因。即使是非正式领导的团队也比没有任何领导形式的团队有更高的绩效，这种情况在团队建立早期更为明显，因为领导者通常选择他了解并信任的人担任要职，使得分工明确、工作有序。总之，如果一个团队领导者设立了较高的绩效目标，鼓励团队成员达到目标，提出可行的行动战略且付诸于实践的话，会比其他团队获得更高的团队效能和内聚力。

要获得高的内聚力，领导者必须能够处理好与核心班子成员的关系，也就是处理好彼此之间的冲突。柳传志在谈领导力时讲道："要部下相信你，还要有具体办法，通过实践证明你的办法是对的。我跟下级交往，事情怎么决定有三个原则：第一种，同事提出的想法，我自己想不清楚，在这种情况下，肯定按照人家的想法做。第二种，当我和同事都有看法，分不清谁对谁错、发生争执的时候，我采取的办法是按你说的做，但是，我要把我的忠告告诉你，最后要找后账，成与否要有个总结。你做对了，表扬你，我再反思我当初为什么要那么做。你做错了，你得给我说明白，当初为什么不按我说的做，我的话，你为什么不认真考虑。第三种，当我把事想清楚了，我就坚决地按照我想的做。""第二种情形很重要，不独断专行，尊重人家意见，但是要找后账。这样做会大大增加自己的势能。"

实际上，当不同管理风格共存于一个企业中时，不同管理角色之间必然会产生冲突，这种冲突对于企业的良好管理是不可或缺的。管理角色冲突可以分成建设性冲突和破坏性冲突。破坏性冲突能够毁坏合作关系，毁坏企业。建设性冲突能够使企业作出更高质量的决策并得以有效实施，推动企业进入一个更高级的发展阶段。管理者的责任就是引导建设性冲突的发生，达成提升企业上台阶的目的。

如何才能得到建设性冲突，管理者必须在企业内营造相互信任和相互尊重的氛围，只有在这种状况下，互补的管理风格才能共同和谐地发挥各自的功能。例如夫妻店，"爸爸"的风格代表未来和现实结果（变革导向和任务导向），"妈妈"管理账目（效率导向）、照顾员工（企业文化导向）。

在非常大的公司内，不难发现"爸爸"、"妈妈"两种管理风格和谐共处，成为企业得到良好管理的主要原因。正是由于这个互补型管理团队，企业才能够由小到大、持续健康地发展。

第五节　从错误中学习

一、滑雪的启示

你一定会有过很多第一次掌握某种新技能的经历，也许是滑雪、溜冰、网球、扑克牌、高尔夫，或是最新的电脑游戏，在第一次你可以做到完美吗，不可能。京郊滑雪热潮的发烧友给我讲述了他自己的经历：

2003年11月的某一天，京城第一场雪已下过，加上人造雪的雪场一片苍茫，不远处可见苍松泛着绿意。朋友登上了滑雪板，上了雪道。令他得意的是，滑了多半天，一次也没摔倒过。他十分高兴，感觉很好，于是滑到滑雪教练面前，告诉他这一天我过得太棒了。你知道滑雪教练说什么吗，他告诉我说："依我看，我认为你这一天糟糕透了。"他很吃惊，这是什么意思，为什么是糟糕的一天呢，他认为这一天的目标应该是站在滑板上而不是摔倒。教练看着他的眼睛说："如果你没有摔倒，你就什么也没有学到。"

滑雪教练明白，如果在第一次滑雪时你能一整天站在滑雪板上，你只是做了那些你已经知道怎样去做的事，而没有去尝试任何新鲜的和困难的事。如果你的目标是保持站立姿势，你将不会有所发展。当你尝试去做那些你不知道怎样去做的事的时候，你会跌倒，这是肯定的，所有滑雪的人都知道。

没有任何事可以在第一次尝试的时候就能做得完美无缺——在运动中做不到，在游戏中做不到，在学校里做不到，在组织中就更做不到。关键不是为了失败而鼓励失败。我们从来不认为失败是努力的目标，相反，我们提倡学习。领导者不应该责备那些在创新的名义下犯错误的人们，而是应该问"你从这次经验中学到了什么，"想想大多数学习曲线的形状绩效在上升之前会先下降，你不可能在没有失败的情况下学到东西。所以，台塑集团董事长王永庆先生的名言是：检讨是成功之母。

作为企业的领导，总是面对着发起变革与持续变革的挑战。他们面临的复杂情境在任何一本教科书里都没有提到过，只能依靠自己的判断去创造、尝试。因此，错误总是难免的。衡量一个领导人是否成功，不是看他个人失败的次数，而是看他在面对失败时刻的态度以及从失败中学到了什么。

面对变化的环境，领导者的一个主要任务是要明确和消除自我束缚以及阻碍组织革新与创造的障碍。革新当然是要冒风险的，领导者必须将失败视做革新过程中一个必不可少的因素。与其严厉地对待失败，不如鼓励失败；与其责备失败，不如从中学习；与其附加种种规则，不如鼓励灵活性。

我曾经看到这样一家企业。不同于新产品投放市场前先试销这样的决策，老板的"小试验"通常是实验各种新想法。他要求在零件部门工作的每位员工，每人出九条关于怎样提高生产力的点子：三条是个人应该如何做；三条是部门应该如何做；三条是组织应该如何做。他收集了所有这些想法，反馈给零件部门的所有员工以及组织中的其他人，让他们挑选出自己认为最重要、最可行的那些点子。最后，他宣布了这些好的想法，并且要人们"优中择优"，再选出最好的。按照这份列满了以优先顺序排列的点子的清单做事，零件车间在下一年度的生产率提高了 64.9%。

需要指出的是，企业家不仅要善于尝试新的做法，要促进创新，还要让员工安全地去试验——即使挑战了你的权威会同样安全。要意识到有些老板的行为很可能会造成一种恐惧感或忧虑感。滥用惩戒的行动，比如瞪视、沉默、冷落、忽视、迁怒、羞辱、责怪或怀疑等，无论这些行为是有意的还是无意的，都会形成一道厚厚的敌对的"墙"。因此，建立一种模糊的局面——比如通过私下作出决策，或者对别人的话既不肯定又不否定，甚至不答复——也会造成紧张。人们通常不会与别人分享意见，除非他们认为这样做很安全。要打开大门让他们来找你。

领导者要清楚地知道，面对不可完全预知的未来，面对层出不穷的挑战，只有容许员工犯错误，才能把握住发展的机会。当然，这种错误要限定在一定的范围之内。有两种错误不能犯：一种是致命的错误，另一种是重复的错误。

二、积极心态应对错误

尽管做了充分的准备，但变革中的失误总是难免的。一旦错误发生了，应该怎么办。在这方面，我觉得，施振荣先生的挑战哲学是非常鲜明的一种态度。用他的话说："在挑战困难、突破'瓶颈'时，不免遭遇失败。所以，一个人愿不愿意面对现实、屡败屡战，便成为挑战困难时必须具备的重要条件。"因此，他认为，容忍实践中所犯的错误是企业成长必须支付的学费，而不是浪费。从宏碁的成长历史看，施先生所言确实不虚。2000年，他说："我个人是在交过巨额学费后积累经验的，过去几年，宏碁的几项投资亏损了几十亿，但是，我现在的经营能力已经比过去强多了。只要付出代价之后能够对公司有所回馈，就是学费而不是浪费。若要宏碁成为一个有自省能力及学习能力的组织，只要员工犯的是无心之过，只要赚的钱比付的学费多，我们就没有理由吝于帮他缴学费。"

他还讲了一个在宏碁发生的一件事：当年，宏碁在推出"天龙中文电脑"时很受媒体好评，但是业务却迟迟无法展开，销售量很小，一位新来的业务员费了很大的工夫才卖出一套，正当他为此高兴的时候，却发现这家客户的支票是假的，原来这个客户是一家专事欺诈的空壳公司，宏碁为此损失了十几万元。

事发之后，主管并没有责怪他，在主动向上司请罪的同时，反过来安慰这位员工："这个情况发生的很怪，我们来查查究竟哪里出了毛病。"

于是，他们逐一检查了客户信用管理的步骤，发现这位业务员的确询问了客户银行账号，也向银行进行了核实，唯一的疏漏是没有进一步查询客户账户上资金往来的时间，而在当时宏碁还没有建立这个查询步骤规范。

这件事产生了三个效果：第一，宏碁的信用管理制度更加完备细致；第二，由于上司的宽容，这个业务员非常努力，后来成为年度业绩的第一名；第三，让员工切身体会了宽容错误的文化。

施振荣先生自己说，学台湾地区的王永庆很难，但是学施振荣很容易。这句话应该是施振荣先生的自谦，在他看来，王永庆先生的商业胆识和大手笔是常人不能学得到的，而他觉得自己是一个比较谨慎平凡的人，是碰到了很多挫折后成功的。在笔者看来，施振荣先生对挫折的看法与对错误的容忍是常人最难学到的，就凭这一点，施先生也是一个境界非常高的人。

当我们的咨询团队所提交的咨询方案初稿并不如所预期的那样好时，国富咨询的原则是首先不去指责这个设计者的能力，而是充分发挥团队的能力，对这个方案进行"批判（也就是头脑风暴），就连我的方案也是一样"。要不然，咨询师就不会有进步，我们的咨询过程也不是经验和知识的积累。即使客户提出了一些尖锐的意见，我们也不是一上来就问"谁把事情弄糟了"，而是关注于问题出在哪儿，我们该如何解决问题或从中学到了什么。每个人都会犯错误，而问题是你如何处理这次经历、如何从中学到东西并有所提高。这样的一个团队最终一定会从所谓的失败中拿出公司有史以来最成功的服务。

当一些人给你提供了很差劲的服务时，你会希望什么，当然，最低的限度是，大部分人希望得到一个道歉、承认错误并且要求这个错误被矫正。如果把领导看做是一种服务，那么领导们不应该用同样的标准来要求自己吗。我们认为领导应该道歉并弥补他的过失，毕竟，他们的过失可能造成不便、损失和伤害。

不承认过失会不会伤害你的信誉，如果客户和职员知道领导失败了，他们是不是会认为这个领导无能。有证据表明，掩饰过失很可能而且事实上将会损害信誉。当人们被要求评价一个人的英明程度时，人们给出的最常见的反应是"他们说了实话"。随着时间的发展，人们会说一个诚实的人承认犯了过失。通过承认你犯了错误，你能建立起信任而并非损害它。

当然，如果一个人犯了过多的错误，那么总体的胜任程度会降低。然而，尽早地认识到并承认错误会促进学习，这种学习会避免将来再次发生相似的错误。

我们不仅要搞明白错误背后的客观原因，对于直接当事人所起的作用也要有及时的评价和反馈。一个人犯错误（即使当时或随后）有众多的原因，我们不能不再给予机会——换一个人来可能还会犯相似的错误。然而，我们要确保两点：首先，看当事人的总体记录；其次，当事人是否有证据表明你从经验中学到了东西，换言之，就是看他是否还会再次犯相同的错误？

换上产品的可靠性或客户服务的概念就容易理解了。也可以用到我们每一个人身上。用一个典型的美国式比喻来解释，我们试图给每个人三次打球的机会，当某个人第一次犯错误的时候，我们说，他仍然在学习。第二次，我们说领悟得太慢了。第三次，他以后再不用学习了。

三、从错误中站起来

在战场或商场中，输赢可能只有一线之隔，其中的变量未必全由你掌控。因此，检讨为何出错至关重要。第一次世界大战惨烈的达达尼尔海峡事件对丘吉尔是一大政治挫败，没几个人认为他能东山再起。因为连最坚强的领导者，有时也会遇到超过自己能力范围的变化。

1914 年年底，西部战线陷入胶着状态，双方从北海僵持至瑞士。丘吉尔建议海军突袭攻入波罗的海，与俄国人连手打破僵局。俄国要求支持达达尼尔海峡的战事，国防政务次官克奇纳大力促成，问丘吉尔能否出动海军到那里轰炸。丘吉尔说海军攻击不会有效，但陆海军联合奇袭就是另一回事了。克奇纳说他拨不出陆军部队，却仍认为海军的行动也许能够阻挠土耳其增兵俄国前线。

俄方的请求不能置之不理，得由丘吉尔决定要不要采取他深不以为然的计划。他发电报给撒克维尔·卡登上将，回报的消息令人意外：可以攻入达达尼尔海峡，在玛摩拉海建立舰队，让英国取得君士坦丁堡（今伊斯坦丁堡)。

丘吉尔立即展开行动，首相贺伯·亚斯奎与战争会议无不支持，克奇纳现在也愿意提供部队了。就在海军开始轰炸土耳其碉堡的同一天，克奇纳竟然大幅缩减自己开的支票，说部队可能需要留在法国。丘吉尔缺乏调派足够军队的权力，仍要求将异议列入记录，若真的因兵力不足造成悲剧，他可以不承担任何责任。

克奇纳出尔反尔，胆识不如丘吉尔的领导者可能主张作罢。但是，正如丘吉尔自己谈及达达尼尔海峡事件时所言："你无法靠坐着不动打胜仗。"他知道即使没有地面部队支援，这也是值得一搏的赌局。于是调动数千兵力增援，即后来著名的加利波里战役。

很不幸，这场行动变得和原想打破的僵局一样棘手。一年之内，折损了超过25万人，却未攻下敌人分毫领土。基于政治理由，丘吉尔成了这场惨战的代罪羔羊。虽然很不公平，但丘吉尔的确学到了教训。现在的领导者也应该牢记：要冒险，权责必须相当。丘吉尔冒了极大的风险，主张并试图执行复杂的计划，却没有全盘统合其执行的权力。二十几年后的第二次世界大战，丘吉尔出任首相的那天，他即建立了一个统合作战计划的适当组织。这就是学费的作用。

人非圣贤，孰能无过。领导者在工作中不可能不犯一些错误或出现一些问题，关键是看对待错误和问题的态度，看他们是唯恐避之不及，还是主动"引火烧身"。很久以来，有一种不好的风气，有了错误，捅了娄子，常把原因推给客观条件、推给别人、推给下级，这是非常致命的。如果不把问题当问题，就会被问题缠住双脚，使问题越积越多，从小问题变成大问题。对于领导者来说，善于发现错误、敢于承认错误和乐于改正错误，不仅有利于保持良好的领导形象，也有利于开创有利的领导局面。通过解决矛盾和问题，变坏事为好事，变教训为财富，变压力为动力。

审慎的冒险正是成功组织的特色。然而，当新计划的执行脱离了领导者控管的范围时，风险也随之倍增。经过一段时间之后，领导者会发现，要推动具有挑战性或非传统的计划，关键元素必须就位。他们也将体会到，犹豫绝非领导之道，有时赢面大，有时情势看来不妙，从自己及他人的错误中学习，可做有用的参考。只不过，到底哪个风险值得一试，还是得由每位领导者自己判断。

第六节　坚持最后一里路的细节

一、魔鬼存在于细节之中

我在《本土化执行力模式》一书中已经详细地谈到了这个观点。

"魔鬼好像狮子一般遍地游走，寻找可吞吃的人……"在日常生活、工作当中，人们最容易忽视的就是细节，因而给魔鬼许多可乘之机，特别是人们最容易懈怠的最后时候。可见，许多时候人并不是被大事打倒，而是败在一些不起眼的细节上，往往还是最后的时刻。正所谓"千里之堤，溃于蚁穴"。

不知大家是否还记得当年协和式飞机在巴黎机场的事故：那是世界上最豪华的协和式飞机的一次重要飞行，谁知，飞机刚刚进入快速滑行，就突然转向，撞向旁边的建筑物，结果导致重大伤亡事故，协和式飞机也得到了不好的名声。调查表明，此次事故的发生并不是通常所说的机械故障，也不是什么天气原因，而是飞机在迅速滑行的瞬间，飞机轮子摩擦到了地面上一块小小的金属片而导致了飞机的突然变向。这个小金属片是从哪里来的呢？2005年年初，据说，有人提出了新证据：这个小金属片是刚刚起飞的美国大陆航空公司飞机起飞时遗落的。

一个小小的、被人忽视的金属片造成了如此重大的空难。

历史上有许多类似的"细节"，因为没注意或者曾经想到了却不以为然，结果导致重大失败，以至于历史也因此改写，如三国中吴蜀联手抗曹的"赤壁之战"。如果曹操想到了冬令时也会起东南风，提高防火攻的警惕，也许这场战争就会以另一种局面来结束；第二次世界大战期间，如果希特勒提前想到进攻英国需要登陆艇并建造了大量登陆艇的话，第二次世界大战的结果也很难预料。

许多领导者认为自己就是制定策略，而执行属于细节事务的层次，不值得管理者费神。这些管理者认为自己的角色定位就在于描绘企业愿景，定好策略，执行是下属的事情，作为领导者只需要授权就行。这个观念是绝对错误的。用中国台湾王永庆先生的话说：那是这些人不懂管理，不见树木，哪里来的森林。丰田公司的元老人物更是强调：真正优秀的管理者必须脚踏实地，深知自己所处的大环境，认清真正的问题的所在，然后不畏冲突勇敢面对。

讲到管理者需要一定的执行力问题，常常有人会忍不住大呼："周博士，这不是要我事必躬亲吗，我的时间要用来规划高瞻远瞩的策略呢。"根据多年来我对执行力的研究，管理者不妨扪心自问："有谁比自己更了解企业的人员、营运以及企业所面临的内在和外在环境，"唯有管理者所居的位置才能对以上问题有全盘性的了解，也只有管理者才能对企业提出一针见血的高难度问题，促使各项计划不浮夸，植于现实而执行，并于每个阶段实现预定目标。

商场如战场。在战场上不但要有叱咤风云的战略家，更要有明察秋毫的士兵，把战略意图变为攻击敌人的子弹。同样，在市场竞争中，不但要讲究营销战略的制定，更要重视战术细节的实施。中国有句古话，叫做"大处着眼，小处着手"，大处讲的就是战略层面的把握，小处说的则是战术细节。仔细比较企业的优劣，优秀企业的成功往往就在于细节的运作之中。细节就是那种和企业文化、企业价值观保持一致且有生产力的行为。细节就是在每一件事情上严格按照企业的价值观去做事情。娃哈哈的细节是缘于宗庆后对市场工作的严格要求，沃尔玛的细节是缘于他们对不断降低成本的追求，国富咨询的细节是缘于对项目过程中对客户需求的尊重。细节是伟大的价值观的市场表现。正是它使得肯德基在一分钟内为你提供食物，它使得你在全球都能享受到 IBM 的蓝色快车服务。

二、突破行而不达的脑障

让人们对新的观念从半信半疑到坚信不疑不是一件容易的事情。在实施新方法的过程中会遇到许多障碍、困难和挫折。实施之后，新方法的优越性一时难以体现出来，甚至还有可能产生一些副作用。此外，面对外在的变革，人们都会有一个内心的转变过程，这个过程往往伴随着愤怒、沮丧、迷茫、恐惧等情感。如果得不到适当的处理，所有这些因素集合在一起，就会使人们变革的步伐逐渐放慢，最后停下来。这样，一场充满成功希望的轰轰烈烈的变革就会偃旗息鼓、不了了之。这就是行而不达的变革脑障。要让变革取得最后的成功还需要克服这一脑障，具体有如下一些措施：制定变革风险应对预案，管理好内心的转变，及时总结，有效地沟通，持续地推进变革。

又如，为了进行量化和标准化管理，我们在一些客户企业的方案设计组制订出一些具体的措施，比如，要求生产一线的人员及时准确地记录能耗和材料的数据。在实施这一措施之前，要分析一下实施过程中可能遇到的困难，比如某些数据很难得到，有人故意弄虚作假等，并制订相应的推进措施。量化和标准化管理还可能对一些文化水平较低的创业元老产生影响，他们可能不适应，因此，需要制订一些措施来帮助他们接受这种新的管理模式。一项变革措施，如果找不到有效的手段来克服它直接或间接产生的负面后果，就要考虑放弃，用另一种措施取而代之。这个似乎不言自明的道理在实践中却常常被人们忘记。

实践新的理念、尝试新的方法是一个比较漫长的过程，是一个螺旋式上升的过程。这个过程要经过若干个"策划—实施—跟踪—改进"的循环。其中会有潮起潮落，员工会取得各种成就，也会遇到各种问题。这一过程的完成需要变革领导人坚持不懈地推进。

在员工取得成绩时，要及时给予承认和肯定，如进行一番小小的庆祝，并且及时按照事先制定好的激励制度对他们进行奖励，以鼓舞大家的斗志，鼓励员工继续按照新的方法和理念行事。值得指出的是，表扬和鼓励一定要及时，否则员工就有可能产生误解，或者以为原来定下的目标已经被更改了，或者以为领导故意不兑现预先建立的激励制度。这两种情况都会促使他们放弃变革的努力。当然，更重要的是领导人要信守承诺，变革之初所做的承诺必须兑现。言而无信不仅会葬送当前的变革，而且还会使以后的变革变得十分的艰难。

当员工遇到困难和挫折时，领导人应该想方设法为他们撑腰打气，让他们看到希望，为他们解决问题提供各种必要的资源和帮助。领导人要经常深入变革的第一线，了解情况并提供帮助。此外，还要培训一批常驻现场的变革推进员，把他们派到第一线，让他们在现场了解变革过程中出现的问题，帮助相关人员解决问题，及时向领导反馈信息。

"细节决定成败"，办企业如此，领导变革也是如此。变革领导人只有做艰苦细致的工作，变革才能获得最后的成功。否则，行而不达的"脑障"将会使一场充满希望的变革无疾而终。

在变革巩固期应当注意以下细节：

（1）使用可以清晰表现变革进程或结果的有效方法。

（2）若变革出现滞后现象，首先要看看预期的目标及估量的方法。

（3）找到几个关键的指标，作为估量变革成败的最佳方法。

（4）不断检讨变革是否与变化的环境相适应。

（5）不要放弃出现曲折的变革：调整方向，进行修正，并加以补充。

（6）永远不要想当然地认为你知道大家在想什么，要经常主动问他们。

（7）不断建立更高的目标，以使变革持续进行下去。

（8）确保每个人都知晓变更了的变革目标。

（9）充分利用那些在成功变革中起重要作用的人员。

（10）同意人们设立的渐进目标，并记下来。

（11）确保每个变革项目都可持续提高利润率。

（12）评价团队表现时使用严格而有力的标准。

（13）只提升对变革尽心尽力的职员。

尽管受到相当程度的重视，但是施行变革计划的成功率却不高。在所有组织变革中，约有75%宣告失败，主要是因为员工觉得事不关己，以运用新的系统和作业程序的动机技能及秩序。变革管理的成功之道看似容易且耳熟能详：将人员、流程和科技三要素，与领导及组织策略做紧密结合。但问题一如既往，总是出在细节的执行上：人的行为变幻莫测。推动变革的成功必须聚焦于细节，计划、执行、调整、更新并巩固变革。

第七节 驾驭人类的需求

组织本身不会适应变革，需要适应变革的是"人"。只有人才能提供经营成功所需的领导统御、判断力、弹性和创新，才是组织里最重要的因素。变革领导者的长处并不在于技术，甚至不在于行业，而在于对组织成员需求的深刻理解。

一、什么驱动人们前进

按照安东尼·罗宾斯的说法，所有领导人都是实用心理学家。他们懂得如何利用对人们世界观（他们的价值、信仰、准则、动机等）的了解，来有效地激发人们竭尽所能。要成为卓越的实用心理学家，需要回答我们提出的三个问题：

（1）什么阻止人们前进？什么阻止人们采取行动？什么妨碍人们成为最优秀的员工？

（2）是什么控制和决定人们的生活质量？

（3）我们的行动动机是什么？所有人类活动的最终驱动力是什么？

让我们用下列方法来评估这三个问题。

第一，是什么阻止员工最大限度地发挥他们的真实能力，答案是恐惧。恐惧能摧毁人的心理，并使他们停滞不前。任何人在一生中的某些特定环境下都经历过恐惧。恐惧有多种类型：害怕拒绝、害怕失败、害怕成功（例如如何处理压力并不断提升到更高层次）、害怕爱（或失去爱）、害怕孤独、害怕未知等。其实，许多人都感到自己有上述多种恐惧。在各式各样的恐惧中，有两种主要的恐惧为人类共有：

第一种恐惧是你做得还不够。无论是谁，人人都有这种恐惧。即使对于多才多艺、自信的人，依然会有让他们感到自己很渺小、做得不够、不足称道甚至无价值的环境和情况。比如，某人在工作中是优秀的，但在舞场上就不会感到得心应手。又如，一个优秀的艺术家未必就是一个金融家。无论你是王后还是总统、奥运会运动员或是童子军，做得不够的恐惧深植根于所有人的心中。

第二种共同的恐惧是人们一旦发现自己做得还不够，就会失去爱。这是人们最深层次的基本恐惧。觉得不受人喜欢是难以接受的。这种痛苦无以言表，导致绝望。为防止这一可怕情况的出现，甚至将其忘记，我们愿意做我们渴求获得的注意和影响的几乎任何事情，避免我们可能被断然拒绝的场合。对爱的强烈欲望与恐惧一样，错综复杂，植根于我们内心深处。

了解到深层恐惧存在于别人身上，并通过观察别人克服恐惧所采取的方法，有助于发掘自身的移情和怜悯；反过来，这也会影响别人克服恐惧。

第二，是什么控制和决定人们的行为质量，控制人们生活的是人们所见所闻的意义，它由人们的人格心理和世界观形成（人们所建立的信仰和价值）。比如，两人经历同一件事情，一人会认为"上天在惩罚我，我还不如死了"，另一人则会从另一面想，"上天在考验我，这是我所收到的最好的礼物"。感觉的差异不仅影响人们的行为质量，而且还影响到他们下一步将采取的行动。

一旦形成意义，每个人将拥有一种与意义相联系的情感模式来本能地应对问题。例如，如果某人觉得他人在言语上辱骂或羞辱了他，他们可能用肢体暴力来反抗。有人则假装这种攻击未产生任何影响，保留脸面更为重要。对于同一情况，另有其他人的反应是尽力躲避和保护自己，不惜代价躲避这种人或这种情况。人们在意义和情绪上产生的分歧实质是无限的。了解个体形成的整体意义模式，将帮助领导引导人们的行为。

所有意义都是由个体情绪模式驱动的。人们都有自己的情绪模式。比如，人们都知道希望自己周围有自己喜欢的人，因为他们看起来总是那么快乐。人们也知道有些人似乎一贯饱经风霜、悲哀或愤怒。人们都一直拥有多种情绪。

人们经常感受到的情绪受三种力量的驱使：① 生理模式（如何利用您的身体，比如呼吸、姿势、运动等）。② 关注模式（如关注您的何种感受）。③ 语言/意义模式（如人们一旦用语言表达体验时，就会改变体验的意义）。

第三，人们的动机是什么？

知道了人们的恐惧心理和生活的方式，人们也就知道了驱动人类行为的动机：人类的基本需求。

需求是个体和社会的客观需要在人脑中的反应，是个体心理活动与行为的基本动力。动机是直接推动个体行为以达到一定目的的内在动力，是使个体行为导向某一目标的心理过程，激励和需求与动机密切相关。任何人都有一种不满足现状的心理状态，任何人都愿意创造条件去提高或满足自己的需求。

根据马斯洛的需求层次说，人的需求可分为生理需求、安全需求、社会需求、尊重需求和自我实现需求由低到高五个层次。人只有满足了低层次的需求，才能实现高层次的需求，一旦某种需求得以满足，就会失去激励作用，而转向更高的目标。而且，需求又总是随着社会环境、时代特点、职业变化、人员素质的不同而变化。人性的复杂就在于其需求的多层次性和动态发展性。因此，从某种意义上说，人性即人的本性需求。

在这五种层次的需求里面，生理、安全和社会需求是全体人类共有的基本需求。而尊重和自我实现则是个人深层次自我实现必须满足的两种精神需求。而在企业变革的时刻，尤其要明白这对于员工各个层面需求的影响。

二、管理员工内心的转变

不同的变革对人内心的影响不一样。从个人感受的角度来看，变革可以分为两类：积极的变革和消极的变革。积极的变革是人们所希望和期盼的变革，如去一个向往的公司工作等；消极变革是人们不希望的变革，如失去工作、权力等。

面对积极的变革，人们经历心理的变化过程是：了解情况前的乐观—了解情况后的悲观—现实的希望—了解情况后的乐观—完成。在变革开始之前，人们对变革过程可能出现的问题缺乏了解，有一种盲目的乐观情绪。变革开始以后，以前没有预料的问题凸显出来了，期望和现实形成反差，于是产生悲观情绪。如果悲观情绪超过一定的限度，人们就会撤出变革，变革就会在人们眼中变成消极的变革。

在悲观情绪出现之后，变革领导人需要做大量的工作来帮助人们调整心态，树立对变革的信心。一方面，要让人们看到变革所取得的成就，哪怕是微不足道的成就；另一方面，要帮助人们调整对变革的期望值，让人们在掌握现有的信息之后建立起新的希望。为了在这时给人们以继续前进的动力，变革领导人早在变革策划时就要有意识地给各个阶段安排一些容易见效的小的改进措施。这就是人们常说的"夺取短期的胜利"。反过来，如果变革领导人在这时对人们的心理变化不闻不问，听其自然，那么许多人就会脱离变革，甚至成为变革的反对者。

面对消极的变革，人们所经历的心理变化过程是：愕然—否认—愤怒—讨价还价—沮丧—尝试—接受。这个过程叫做抱怨过程。在《谁动了我的奶酪》一书中，哼哼和唧唧在一天早上突然发现奶酪不见了时的一系列表现，就是一个典型的抱怨过程。当然，不同的人、不同的环境，抱怨过程的七个阶段反应的强烈程度和持续的时间会不一样，有些阶段还可能跳过去，两个小矮人没来得及沮丧就找奶酪去了。但是不管怎样，面对消极的变化，人们都会经历这样一个过程。由于对这个过程缺乏认识，变革领导人面对这种抱怨不知所措，认为员工素质差、太自私，甚至认为是员工故意作对，因而采取高压手段不让员工表露自己的情绪，结果使矛盾激化。如果高层领导对他们的抱怨横加指责，或以严厉的惩罚相威胁，想以此迫使他们停止抱怨，那么，他们的对立情绪就会变本加厉。

德鲁克指出，变革领导者不仅要有改变现状的意愿，而且要有改变现状的能力。要驾驭组织的变革，必须关注成员的需求，将组织变革的成果与满足员工的需求联系起来，激励他们的参与意识，保证变革的顺利推进。为此，领导者必须安排时间与员工进行沟通，并通过培训、例会等形式引导员工的需求，使他们成为变革的支持者。在这方面，福特汽车的文化变革过程为我们提供了非常好的启示。

三、福特汽车变革的启示

福特汽车是一家充满光荣历史的企业，身为全球第二大的汽车厂，福特汽车确有独到的经营之处，但也存在包袱。福特汽车以生产为导向的企业文化，在世界各地逐步建立起了生产据点，却逐步形成了全球各分公司各自为政的心态。而且，在面临来自日本汽车公司"低价高质"的大举入侵后，福特汽车公司展开了第一波的改造，除了用裁员来降低成本外，还陆续引进了多项产品质量改革计划。

经过 20 世纪八九十年代的改革阵痛，福特公司开始面对"文化改革"的新挑战。1998 年，董事会决定任命纳瑟担任首席执行官，在纳瑟的倡导下，福特汽车描绘出了新的企业文化四要素：具有全球化想法、注重顾客需求、持续追求成长，以及深信"领导者是老师"四项概念，并逐步进行企业文化的改革。主要由四个部分组成：

第一部分：巅峰（Capstone）课程。

这是一个为期半年的学习过程，对象是企业内较高层的管理人员。首先，学员必须参加一个 5 天的密集训练。在这 5 天当中，由高层主管团队担任讲师，与这些学员经历团队建立的过程，讨论福特所面对的挑战，并且分配未来六个月所需进行的项目任务。

随后的 6 个月，学员必须花费 1/3 的时间，通过电子邮件、视频会议甚至面对面的方式，讨论、分析与完成所指派的任务。在这个过程中，学员会一起与讲师，也就是高层主管团队再见一次面，讨论项目的困难和进度。

最后，学员会再参加一个密集训练，提出改革的想法，并与高层主管团队再进行分享、讨论与学习。于是，在这次的密集训练中会立刻决定改革计划，并且在一周之内执行。这项计划是在 1996 年，纳瑟刚接手福特时就开展了，不仅让福特 100 多位高层主管成为企业内的种子讲师，也实际推动了福特的全球改革计划。

第二部分：领导者工作间（Business Leader Initiative）

这类似于巅峰课程，但所教育的对象扩展到了中层与基层主管，执行时间大约是 100 天。进行的方式还是从 3 天的密集课程开始，而后分配专项任务，运用 100 天的时间进行学员间的讨论，分享与发展改革计划。最后，再通过密集训练，讨论与确定改革计划。

在整个领导工作中，有两个地方相当特别：首先，所有的学员都必须在 100 天之内，参加半天的社区服务。这项做法的主要目的，除了可以让这些未来领导者了解福特所强调的"企业公民"精神，也让他们感受到生活中有这么多更需要帮助的人，进而不再有抱怨或不满的心态。其次，所有的学员要以拍摄影带的方式，呈现"新福特"与"旧福特"，以突出新旧文化的差异性。

第三部分：伙伴课程（Executive Partnering）。

伙伴课程则是专为培养年轻却深具潜力的经理人成为真正的领导者而设立的。基本上，每次都是三位学员组成一个实习小组。这个实习小组必须花费八周的时间，与七位福特汽车的高层主管每天一起工作、开会、讨论或拜访客户。针对一些企业问题或挑战，高层主管甚至会请实习小组提出可行的解决方案。对于实习小组而言，这是一个绝佳的观察和学习的机会。通过八周实际的工作，这些年轻主管不仅可以学习高层主管的思考观点，更可以了解公司的资源分配、长短期目标以及策略挑战与问题。

第四部分：交谈时间（Let us Chat about the business）。

交谈时间由纳瑟自己进行。每周五的傍晚，他会寄一封电子邮件给全世界大约 10 万名福特员工，分享自己对经营事业的看法。同时，他也会鼓励所有的员工，回寄任何的想法、观点或是建议。

纳瑟认为，福特要转变为顾客导向的文化，必须要培养每一位员工了解如何经营一家企业。因此，在每周一次的电子邮件中，他会谈全球的发展趋势，谈克莱斯勒与奔驰的合并，谈福特的亚洲市场发展等主题，让员工了解高层主管的经营观点，进而让他们也能有类似的思考角度。

　　自从福特的改革教学计划实行以后，福特汽车公司的文化逐渐产生了一些化学变化，不仅有更多的员工参与了公司的改革，还有更多的主管承诺了自己曾经传授的观念。虽然对福特这样一家大型公司而言，改革的确是漫长而艰巨的历程，但是，运用上述模式，福特公司正逐步完成改革计划，为成为顾客导向的企业而努力。

第四章　变革领导的能力框架

与其他时期不同，处于变革时期的领导者所处的情境有些特殊，因此也需要一些特殊的统御能力。

第一节　确定变革时点的能力

能否在正确的时间做正确的事，直接影响到企业变革的顺利与否，关系着企业未来发展的成功与失败。所以，企业必须把握好变革的时机，合理确定变革时点。有时，看起来时机成熟了，但可能由于存在人为因素而无法推进变革；有时，时机似乎不是很理想，但是可能有人和的有利条件。如何选择变革时点就成为检测领导者基本素质的试金石。

比如，在20世纪70年代后期，中国经济的发展已经问题重重，经济体制改革已经迫在眉睫，客观上应该迅速改革，但由于"四人帮"等人对国家权力的控制，邓小平的小步改革都难以进行。只有等"四人帮"被粉碎后，邓小平重新回到领导岗位上，中国经济体制改革的步伐才得以真正开始。不是客观环境不要求改革，不是邓小平没有认识到改革的迫切性，而是有些人为的因素使得改革难以启动。

企业的变革也是如此，优秀的领导者最善于选择合适的时点进行变革，否则，不是贸然跃进而成为改革的"烈士"，就是不敢越雷池一步而成为"小脚女人"。

华立集团从一个纯粹的乡镇企业在八年时间内通过连续的变革转化为

完全由自然人持股的股份制企业，不能不归功于掌门人汪力成对变革的特殊理解及对变革时点的把握。当北方一些企业大声嚷嚷进行 MBO 管理层收购试验并进行理论升华的时候，华立早已完成了彻底的 MBO。

20 世纪 90 年代初，以职工持股形式进行中小国有企业和乡镇企业改革的浪潮刚刚开始，汪力成意识到改革华立的乡镇企业身份的时候到来了，他向主管部门提出了全员持股的改革申请，主管部门开始有些犹豫，担心华立这样一个效益良好的企业一旦改制成功，其控制权和收益将会受到影响。汪力成对此作出了承诺，给主管部门保留相当比例的股权，将华立先改制为全员持股与政府部门持股相结合的股份制企业，总比纯粹的乡镇企业要主动得多，而且他也意识到，在当时的环境下，一步到位的改革风险是极大的。

几年之后，全员持股的弊端显现出来，新的"大锅饭"现象严重，汪力成与持股的原主管部门进行了长期的沟通，也不断地与省政府相关改革主管机构进行沟通，持股主管部门退出的时机已经到来，国内关于管理者收购也没有明确的禁止规定，也没有清晰的支持政策，但是从深圳到北京，各地的管理者收购案例多了起来，汪力成感觉到进一步改革的时机来临了，他一方面与原主管部门协调用现金收购其股权；另一方面争取政策将原来的全员持股改变为关键员工的持股。而这种改革恰恰符合当时浙江省国有企业改革的试验方向，省里给予了政策支持，经过几年艰难的努力，汪力成波澜不惊地将华立改制为全部由自然人持股的纯粹民营股份制企业。

就华立的改革而言，如果太早，有可能夭折或胎死腹中；如果太晚，有可能会受到国家政策的限制而踩了政策的"地雷"。

变革的时点包括改革的时机和改革的切入点。除了把握有效的时机，领导者还需找准切入点，毕竟改革是一个涉及几乎所有利益相关者的繁杂工程，切入点找准了，改革就有了正确的路径；切入点找错了，改革可能就陷入了泥潭。

我曾经遇到这样一个案例：一家纺织企业兼并了一家软件企业，纺织公司派了一位女士担任软件公司的总经理，这位总经理带了两位副手上任,一位出任财务总监,一位出任人力资源总监,软件公司原来的技术总监、营销副总经理、生产副总经理仍然保留原职。这位总经理上任后采取了恩威并施的策略,一方面为上述关键人员以及其他管理层人员上调了薪水;另一方面开始整顿公司秩序,整顿的重点为营销系统的客户管理、合同管理和财务管理。这一举措引起了营销副总经理的警觉和不满,他暗地里不断与技术总监和生产副总经理进行各种聚会,认为这个总经理不懂业务,对他们这些原公司的管理人员不信任等,联合这两位上书纺织公司,要求撤换总经理。但是,纺织公司认为总经理的整顿举措是正确的,因此没有理会三个人的意见。随着营销系统整顿工作的不断深入,营销副总经理越来越不安,与其他两位老高管的私下交往越来越频繁,不断鼓动他们对总经理的改革提出各种反对意见,在发现各种行动均无效的情况下,他又联合原来的一些老部下集体辞职。

从这个案例中,我们可以看到,总经理的改革方向是没有问题的,但是一开始就大刀阔斧地切入敏感的营销管理体系无疑会触动关键人员的利益,在她立足未稳的情况下应该有一点失策。

确定变革时点的能力对于适时发动变革、保证组织变革的成功是非常重要的。变革时点,即什么时候变革、从哪里入手变革。确定时点,是一系列时点,变革是持续的过程,大变革更是如此。这些时点具有一些可以把握的特征:

(1) 在这个时候改革、从这里入手不会损害公司业务正常的发展,虽然可能会对业务产生一定影响;

(2) 需要切入的领域是一系列问题的重要体现,是人们比较关注的,但不是最为敏感的;

(3) 需要切入的时机往往是公司重要的转折点或者人们都意识到了非改不可;

(4) 需要切入的领域可能是一系列问题的"瓶颈",解决了这个问题有助于其他问题的解决。

确定系列变革的时点衔接能够保证持续的变革成功。除了密切关注外部环境的情况之外,要深入了解企业变革情况,及时把变革推向前进。主要是明晰变革总体的进程，明确辨别变革发展的阶段和深度，使得变革成为顺利、连续、发展的过程。

第二节　达成变革共识的能力

孙子曰："道者，令民与上同意也，故可以与之死，可以与之生而不诡也。"

只有在加强沟通的基础上导入新的企业文化，并通过培训强化灌输，让员工在工作中学习和理解，边理解、边调整、边工作，才能在每一个组织成员的心中都燃起一把火，组织变革的烈焰才会熊熊燃烧。

变革不会自动实现。因为人都是有惰性的，员工常常满足于企业现有的进展，许多人喜欢按部就班地工作，不愿花费时间和精力开展可能有风险的创新活动。变革面临的阻力存在于组织的各个层面，特别是在启动改革之始，很多人对变革会流露出抵触情绪，他们听说一个宏伟的变革计划时，可能会口头应付照办，实际上将变革的计划束之高阁，继续按过去的做法行事，变革的执行力微弱。所以，只有从内心充分唤起"士兵"们的变革激情，才能保证使他们进入"战斗状态"，才能为企业的持续发展注入活力。孙子说的"上下同欲者胜"，讲的就是这个道理。

愿景在实施卓有成效的改革中发挥着关键的作用：它为众多的人指明了改革的方向，使他们同心协力，并鼓励他们积极采取行动。如果没有明晰的愿景，改革的努力很容易就变为一系列令人费解的计划。它们前后不一致，而且浪费了很多时间。它们要不就是没有方向，要不就是根本没有明确的方向。如果没有正确的愿景，以下种种举措：财务部重新策划的计划，人事部门对员工表现的全面考核，工厂提高质量的计划和改变销售人员风气的努力，即使都付诸实施，也不会带来任何有意义的结果。

对于正处于转型阶段的中国企业，提出符合企业自身状况的愿景是企业统一思想、提高企业凝聚力的有力手段。

伟大企业的愿景一般都有四个明显的特点：清晰（clear）、持久（consistent)、独特（unique）、服务（serving）。对于大多数人来说，愿景中最重要的激励机制在于清楚地表达自己想使这个世界变得更加美好的愿望，表达自己为别人服务的愿望。

变革要求老企业有新愿景，愿景最基本的是要保持清晰、持久和为别人服务的愿望，还有就是必须具有独特性。

在较为成功的变革案例中，领导者会利用各类沟通渠道将愿景公布出来。他们将枯燥且乏人问津的新闻信，转化为关于愿景的生动文章，并在参加形式化且单调的管理季报后，将之转换为激励人心的讨论。他们扬弃了公司一般的管理教育，以业务问题和新愿景课程取而代之。这里的指导原则很简单：运用每个可能的渠道，尤其是那些被浪费在不重要资讯上的渠道。因此，要建立开放式的信息沟通系统，尤其是企业内人员与外部市场环境之间的信息沟通渠道要畅通。这样做能确保企业内人员的思想不与外部市场脱节。当外部市场变化时，企业内相关人员会自动生成部分变革原动力，减少变革的阻力。这个信息系统同时要起到变革预警机制的作用。所有这些对于传播愿景都是非常有效的。

因此，领导者不能吝啬对于公司愿景与变革愿景的传播。当年，韦尔奇为了在 GE 推行六西格玛而大会小会讲六西格玛，讲得自己都要呕吐了，许多员工也听腻了，最后，连 GE 的普通员工都到处谈论六西格玛。在国内，柳传志为了推行新制度而不断强调的"婆婆嘴"在联想是上下皆知的。而那些吝惜语言和说服的改革派往往吃到了自己酿下的苦果。

江阴机械张时兴变革的失败就是鲜明的教训。

由于张时兴在变革过程中对于高层人员的利益关注不够，对于变革的愿景以及目标不能与相关人员达成一致是其中比较深层的原因。华立集团在改制过程中，汪力成不断与员工沟通并召开了无数次员工座谈会，利用各类形式进行解说，与政府相关部门保持密切沟通，是改制成功的基本保证。在当时一部分人酝酿上访、罢工的情况下，汪力成耐心说服，不回避问题，进行多次面对面的交流，不仅平息了人们的不平，也让人们意识到了变革的必然性和变革目标对于华立前途的影响。

第三节　战略体系建设能力

不变革，就死亡。但变革了，真的就不会死亡吗？

事实上，许多数字显示，许多企业的变革都是以失败告终，公司投入了资源，却没有达到预期目标，反而赔上了员工的士气，浪费了公司的金钱和时间。

变革是一个漫长和微妙的过程，一个企业要进行大规模变革需要做充足的准备，比如人力资源、产品开发、策略伙伴、财务等，在特定的外部及内部条件准备成熟时，变革会增加成功的机会。这就需要领导者具有在变革过程中构建战略体系的能力，在企业战略目标的指导下，根据实际情况，按照需要，进行各个重要方面的合理安排和科学实施，形成一个有效的战略体系。

实践证明，很多拥有核心技术的企业不意味着胜利和成功，特别是在信息技术发达的今天，企业技术传播和模仿速度比以前快了数百倍，关键在于整体的战略设计和系统化的策略运作。这种设计可以把技术创新的成果转变为企业的效益，可以把技术创新转变为一种竞争策略。只有技术创新而没有企业设计创新而成功的企业只是一个短命的企业，在今天已经很难生存。比如，在计算机的文字处理系统中，今天独霸天下的是 WORD，但是 8 年前，WORDPERFECT 是绝对的领袖；谈到电子表格，人们都想到微软的 EXCEL，最多能想到 LOTUS 公司的 1-2-3 电子表格，有谁还记得第一个电子表格是 VISICALC；到了 20 世纪 90 年代，LOTUS1-2-3 已经被微软的 EXCEL 挤得只有 3% 的占有率；谈到网络浏览器，网景的 NETSCAPE 浏览器在许多性能上比微软的 IE 强，而且早于 IE，但人们已经开始忘记 NETSCAPE。

与其说盖茨是技术天才，不如说他是商业奇才。柳传志说：我们没有战略家，甚至把盖茨称为战略家是非常恰当的。

我们现在计算机里使用的可以用鼠标操作的这种图形界面 WINDOWS

是微软的发明吗，现在我们看到的只有微软的产品。但实际上，这并不是微软的首创。在 1982 年的时候，微软仍然为拥有 DOS 操作系统而自豪，但是当盖茨参观了计算机行业大会的时候，心情一下子紧张起来。在这次大会上，一家规模比微软大得多的在当时是世界上最强的软件厂家的 VISICORP 公司展示了一个名叫 VISION 的产品，这个产品的特点就是可以在 PC 上使用，具有鼠标操作的图形用户界面和一组应用程序，实际上就是今天 WINDOWS 和 OFFICE 的前身。当时，盖茨就意识到这将是 DOS 的克星，一旦它进入市场，微软的 DOS 就必死无疑了。在这种情况下，盖茨表现了他的商业能力，当第二年 VISICORP 公司正式向市场推出 VISION 的时候，盖茨已经发动了比对手强大得多的宣传攻势，向人们推出了自己的 WINDOWS 产品，实际上，此时的 WINDOWS 并不成熟，还只是一个概念。但微软的宣传攻势发挥了作用，全世界都在等着买 WINDOWS 而不买 VISION。结果，VISION 夭折了，而微软则借机产生了一个新的操作系统。VISION 的失败除了宣传攻势不够外，在战略设计上有致命的缺陷：它不与 DOS 兼容，价格很高，也没有预装在计算机里，而且必须在指定的销售地点购买，致使用户转换使用的成本很高，而 WINDOWS 则预先安装在计算机里，价格极低，且与 DOS 兼容，用户的使用成本太低，甚至几乎没有。

看来，微软既不是计算机桌面操作系统的发明者，也不是图形界面操作系统的发明者，更不是网络浏览器的发明者，却最终成为这些领域的老大，关键在于他是一个杰出的企业战略设计和系统化策略的成功者。而且，盖茨的战略统合能力还不止于此。软件业的各路精英都似乎深深地了解以下原则：①尽早进入不断演变的大规模市场，或以能够成为行业标准的"好"产品促进新市场的形成。②不断改进新产品，定期淘汰旧产品。③推动大批量销售，签订专有供货合同，以保证公司产品成为或继续成为行业标准。④充分发挥作为新产品和关联产品的标准供应商的优势。⑤整合、拓宽并简化产品以进入新的大规模市场。

应该说，这些原则不是微软所特有的，但是没有一家公司像微软这样能够在几代产品中将这些原则有机结合起来形成一个强大的战略执行体系。

这种战略执行体系强调的是对变革与竞争进行整体的设计，而不仅仅是策略的策划，局部的策略不能取代整体的战略设计，再好的策略也会被别人模仿，而作为整体的战略体系则是难以模仿的。我们可以举一个简单的例子。竞争对手可以模仿任何具体策略的概率要小于1，因为它不可能完全克隆，那么，整体模仿的的概率就变得越来越小（$0.9 \times 0.9 = 0.81$；$0.9 \times 0.9 \times 0.9 \times 0.9 \times 0.9 = 0.66$）。一个试图模仿另一个整体战略体系的企业很难成功，甚至会失败。当年，红高粱模仿麦当劳的失败是最好的说明。即使别的模仿者能够生存，也很难造就麦当劳的业绩，或者与之抗衡。国内一些管理咨询公司盲目模仿麦肯锡、罗兰贝格的惨败也给我们管理咨询行业的公司敲响了警钟！

第四节　核心班底构建能力

韦尔奇说："我在任 CEO 的时候，75%的时间都花在挑选、评估、鼓励团队上"，"我不会设计，也不会制造，我全要靠他们"。这就说明了核心班底在企业发展与变革中的重要作用。如美国总统克林顿，每当他对某件事产生兴趣时，整个机构就开始研究这个题目并投入工作。这种集中力量的方法能产生巨大的能量，使工作得以完成。此外，个人的行为比他的话要更加有力量。首席执行官必须向大家展示，进行要求的变革是可能的，同时在如何开展新行动方面给人们一个概念，而不是解释具体细节。他不可能就每一种情况都给出正确的答案。即便他知道这些答案，如果他教人们每一个小步骤，他也会抑制人们的创造力。

实际上，中国传统的管理哲学也非常重视核心班底的构建，所谓"贤主劳于求贤，而逸于治事"是最典型的描述，张瑞敏的"赛马机制"，柳传志的"搭班子"思想都是其中的佼佼者。

一、建立变革核心班底

变革的核心班底也就是变革集体领导机构，组建变革集体领导机构的第一步是要找到正确的领导人。至少有四个方面的要求：

（1）地位的力量：加入班底的重要人物够不够，特别是重要部门的经理是不是都参加？这样，那些没有加入班底的人就不可能轻易阻挠改革取得进展。

（2）专业知识：班底是否具备了体现不同专业、不同经历等方面的专业知识，这些是顺利执行变革的知识基础。

（3）信誉：在该公司有很高威望的人是否参加了这个班底，只有这些人参加了，员工们才会认真对待该班底所下达的命令。

（4）领导：人们公认的能推动改革的领导人是不是大部分都参加了这个班底。

在建立变革集体领导机构的过程中，要注意体制塑造和人的塑造相结合：领导的内涵便是形成一个团队完成组织的目标，变革也是如此。要塑造成这样的成功团队，必须建立相应的体制，同时不要忽视人的因素。只有体制塑造而没有人的塑造，使变革失去了人的支持，变革不可能成功；只有人的塑造，而没有体制塑造，使变革流于空洞，变革不可能成功，更不可能产生真正的绩效。

作为领导者，首先要营造一种气氛，要有工作默契，必须在领导集体中间找到"心有灵犀一点通"的感觉。其次，消除不必要的工作界限，培养领导集体整体配合的协作精神，要在团队中订立一些条规，使大家形成一种"分工不分家"、"互相支持和努力"的习惯。再次，不能忽视团队中的任何人，要让每位领导成员都能拥有自我发挥的空间，还要用心去破除个人主义，将焦点集中到领导成员的同心协力的行动和甘苦荣辱的感受上，树立团队集体主义观念。最后，要让每一位领导成员都学会包容、欣赏、尊重其他成员的个别差异性，使全体领导班底产生团结感，树立共同目标，共创未来。

　　基于以上要求，需要深入理解领导与班底的关系，深入明确领导与班底良好运作的基础，推动领导与班底的良好合作。

二、领导与班底的关系

　　企业领导者如何带领班底这个核心团队，是企业组织能力的重要体现。换句话说，如何构建领导与班底之间积极正面的关系，对企业而言，是影响其生存与发展的重要条件。企业领导者与核心团队之间互动的内涵与形式将影响企业发展的方向。

　　领导和班底之间并不是单向的权力关系，领导也可能受到班底的制约。当班底成员不认为领导的能力值得跟随，但又不可能改变情况时，班底成员就会选择离开公司。

（一）班底是领导的一种化身

　　领导必须凭借个人的专业和组织能力，作为发展事业和打造班底的基础。在班底的形成和运作过程中，领导可以将个人的理想、价值观、理念和技术等在企业运作中逐渐转移给班底成员。而班底也能由此强化他们的经验和知识。企业的发展一般来说是领导形成了班底及其风格，最后却由班底来打造整个组织的企业文化。领导的经营哲学在整个过程中具有重要的作用。

（二）领导的专业技能感

　　一个成功的中小企业领导通常有很强的专业技能感，以保障领导与班底之间的专业信任。为了维持专业技能感，领导不止要翻阅班底呈报的各种报表，也必须和其他重要相关的企业保持联系，吸收管理与技术的新信息。班底的形成不意味着领导可以退休了，恰恰相反，只有在这种情况下，他才能从日常的例行工作中解脱，掌管公司的新发展，成为一名真正的领导者。而这个转变的前提是领导与班底之间信任的建立。

（三）领导与班底的信任

领导与班底相互之间的信任是成功组成班底的一个重要条件。要在领导与班底的复杂关系中建立相互的信任是一件困难的工作。在企业内部因技术、操作方法、知识、理念、荣誉和发展策略等方面的竞争，使得彼此之间的互动更为复杂。在这些情况下，领导经营哲学的形成、专业技能感的发展，以及领导的实现企业目标的领导能力，是达成信任的前提条件。

对企业而言，信任的形成说明了班底成员对领导的认同，最终则是对公司的认同。因此，双方之间信任的达成，不只依赖于领导的实际能力，也依赖于他对利润分配的诚意。这些则是由股权拥有、福利、红利等方面的制度所决定的。

三、核心班底的运作基础

（一）专业连带与情感连带的结合

班底的形成依赖于经济利益和个人情感的结合。企业生存的基础在于利润的追求，所以，在分析上，必须先将班底界定为纯经济团体。在这个情况下，企业班底情感的发展需建立在专业连带之上。专业连带先于情感连带是一个非常重要的原则。唯有专业连带才能使得情感连带在达成共识的基础上，成为一种有价值的资产。

专业连带由三个原则来保障：一是个人的表现基于客观的判断。即使班底成员并不是遵循正式程序的方式在运作，但建立一种客观的评价制度仍然非常重要。二是专门业务的任务编组，这是基于效率的要求而非个人的考虑。三是团体内部的日常互动纯粹集中在工作事务上，而不是在人事褒贬上浪费时间。这三个原则推动班底成员发展其专业知识，而且在"做事逻辑而非做人逻辑"上彼此肯定，专业基础才能在企业中提供形成情感连带的机会。

如何克服本位主义所造成的与他人协商的限制，是对班底成员的一大挑战。情感连带的作用正是在于帮助班底成员跳脱本位主义所带来协商上的限制。情感连带的形成有三个重要的步骤：第一，班底成员之间熟悉彼此的个性和工作习惯是很重要的。第二，班底成员能够接受亲切和谐的业务讨论气氛。第三，班底中的任何决策是基于同意和回应一种解决问题而非人际争斗的文化。透过熟悉、亲切而得到一致性，班底成员才能形成一个高度认同组织文化的工作团队和情感团队。

(二) 默契

班底在企业的运作是因为彼此之间的默契使得工作有效率。对默契的形成，有两种很重要的信任类型：

第一种是基于专业信任。在小企业中，班底成员的专业训练必须要能面对并解决各种各样的问题，班底成员通过专业技能的累积，可以发展他们的技能信用。依赖这种技能信用，班底成员才能产生专业信任，使其在企业发展的相关业务上产生共识。

如果将专业信任界定为"对解决问题和开创业务能力的信任"，人际信任就可以理解为"班底成员之间对于彼此性格善意的认知和欣赏"。人际信任是形成默契的第二个重要因素。企业组织是人的生活领域，因此，重要的不只是商业知识和经验发展，人性和情感的特质也很重要。一个成功的企业必须提供激发员工发展良好人性的健全环境。班底形成能同时发展生产知识、管理经验和良好人性。专业信任和人际信任是提供班底成员发展默契的基础。

(三) 治理结构

现代企业的核心团队不仅关注人员的默契与专业互补，而且需要合理合法的治理结构，否则仅仅依靠感情与专业的连接将会出现问题，近年来一系列核心团队的解体都证明了这一点。从实达核心的矛盾到新东方团队的分裂，从神光证券的兄弟纷争到天狮的职业经理人事件，无不是对核心团队建设的一个警示。因此，在构建核心团队的时候，领导者要考虑以下问题：

（1）核心团队内部采取什么方式形成治理结构，包括决策机制、监督机制、执行体系、责权体系。

（2）决策层内部如何行使权利，包括谁拥有什么权利、议事规则、权利行使方式等。

对于这些问题，领导者不能回避，应该在构建核心团队的时候明确，为公司的变革与成长建设一个健康的"大脑"。

专业连带、人际连带、默契和治理结构等特点的结合，是建立一个良好班底的重要方面，对于班底的合理构建和良好运作，起着至关重要的作用。

四、建立能够推动变革的班底

（一）建立信任与良好协作

在班底中，可以通过许多途径建立协作关系。但是，不管采取什么样的方式，信任必不可少。只有彼此信任，才能相互协作。如果缺乏信任感，你就无法同别人协作。狭隘的勾心斗角最终会使得必要的改革停顿下来。

相互信任对于确立共同的目标来说是极有帮助的。人们不致力于使整个公司获得最好业绩的主要原因之一是，他们并不真正信任其他的部门，甚至不信任公司其他部门的经理人员。他们担心，如果把精力过多地放在让客户满意或减少开支上，那么其他部门就会渔翁得利。当加深了信任之后，确立共同的目标就会容易得多。领导的作用也是非常大的。领导人应该知道如何鼓励人们暂时不考虑眼前的狭隘利益。可以通过组织周密的外出活动、举行讨论和组织集体活动等方式建立相互的信任关系。

（二）确立共同目标，推动变革深入

除了建立信任之外，确立共同的目标似乎是进行协作的另一个至关重要的因素。只有当班底的所有成员内心深处都希望实现共同的目标时，才

能开展真正的协作。

在班底中，能增强凝聚力的一个最常见的目标是决心要获得优秀的业绩，即真正渴望使公司的经营状况尽可能达到最好。如果没有确立共同的目标，重新策划、收购其他企业和重振企业的努力常常告于失败。相反，你会发现人们只对各自的部门、朋友或事业负责。

变革的领导者要坦坦荡荡，让大家确信变革的目的不只是为了自己的利益，而是为了企业的长远发展和全体员工的整体利益，必须让大家清楚各自得到的是什么，大家才会全身心地投入工作，才会加强变革计划的执行力。反之，如果大家觉得变革的回报和荣誉只为领导一个人所获得，那谁还会那么努力跟随你一起变革呢。中国不少企业的首席执行官往往不善于用良好的沟通方式来激发员工的紧迫感，而是简单地用施加外在压力的手段下达命令；不去问问他们是否理解上级的旨意，只要求下属们简单服从。他们一方面把自己看得太重——高估了员工害怕他炒鱿鱼的"虎威"；另一方面又把自己看得太轻——低估了以身作则之个人魅力的"磁感应"。

五、班底的空降与内生

变革会涉及企业的许多方面，而高层的投入和支持是必不可少的一环。在这方面，"空降兵"的好处在于：第一，可以带来一些新的理念和做法；第二，比较能从以往的人际关系中超脱出来，相对客观；第三，它的出现本身就是一个变革的信号，可以使组织中的成员对变革有更多的期待。

至于"空降兵"的弱点，主要在于：不了解企业或行业的实际状况，需要更多的时间才能真正掌握企业问题；迅速建立一个拥护自己的团队比较困难。不过，在一些管理体系成熟的企业，这个问题相对比较好解决。

由出自企业内部的高层来领导变革又会怎样呢？高层领导来自企业内部有利有弊。内部提拔的领导熟悉企业状况，了解问题和可能出现的障碍所在，也容易形成一个支持自己的团队，但对企业的了解可能限制他变革的勇气，特别是变革会涉及企业的许多人，常常由于人事关系影响有效推行政策。

这里没有绝对的对错，关键是根据企业的情况、变革的需求和内外部人力资源的基础来作出选择，适合企业实际情况的才是最好的。

第五节 控制变革力量能力

变革意味着打破传统。变革的这一特性，使得变革具有不同程度的风险性。组织内员工对变革的接受与否，组织变革的方向是否适应不断变化的外部环境，都直接影响着企业变革的成败。正是由于组织变革所具有的破坏性和风险性，才使得组织变革会招致来自组织内外各个方面的阻力，认识这些阻力的来源、探究阻力产生的原因将为我们解决组织变革中所遇到的问题提供重要的指导依据。

一、消除妨碍愿景实现的阻力

变革展开以后必然会使大量的员工参与进来。紧迫感有了，核心团队形成了，员工了解了公司的愿景，也愿意尽自己的一份力使其实现，但好像总有什么障碍挡在路上。或许这个障碍存在于人们的头脑、思维中，但不论以何种形式，障碍却是实实在在存在的。

（一）不确定性和风险带来的压力

组织战略的变革会带来不确定性和风险，尽管战略变革前组织必须做好各种资源的评估，但由于组织文化的存在，不同个体对战略变革的结果接纳性及风险意识不同，对战略变革的态度就自然不同，甚至战略变革会激起反抗，从而导致战略变革失败。这些压力可能来源于几个方面：股东、领导层、员工、顾客、政府、供应商和银行，这些都可能是组织的既得利益者，他们抵制变革的原因有很多，主要是因为心态的焦虑，例如，担心变革后地位或权力的丧失；悲观主义，认为变革的结果不可能轻易达成目标；愤怒，因为变革意味着原有规则的缺陷；不同的个人野心，希望变革失败，从而可以获取既得利益。在战略变革不可避免时，及时有效地控制变革力量是变革能否最终获胜的根本因素。

（二）变革中各种可能出现的阻力

有时障碍在于组织结构方面：过于细致的分工会严重降低生产力或者难以从客户角度去思考问题；有时候，薪资或绩效评估系统会使得员工在新的愿景和自身利益之间作出选择；有时候，处于某些重要管理岗位的经理人员反对变革，他只是嘴上赞同变革，但从不付诸实际行动，也不鼓励自己管辖的人员进行革新；对于有利于愿景的创意，他也从不给予奖励；即便他所领导的工作体系已经明显与新愿景不相容了，他还是按兵不动。这类人的动机很复杂，或许他不认为公司需要大的变革，或许，他觉得变革对他个人存在威胁；还有可能是他担心不能在变革的同时仍然保证其利益。然而，最糟糕的是，面对他不支持变革这一事实，领导层却没有人来化解这个阻力。同样，这里的原因也很复杂：或许因为公司从来没有经历过这样的问题；也有可能是有些人害怕这位经理；至于 CEO，则可能担心自己会失去一位得力的管理人员。不论何种原因，不及时排除这种障碍的结果是可怕的，因为基层人员会得出结论：所谓高层经理支持变革，都是假的。于是不满情绪就会滋生，导致前功尽弃。

在变革的前半段，没有一个公司有动力、能力和时间去消除所有阻力。但是大的阻力必须面对，必须消除。如果阻力是人，重要的是要公平地对待他/她，而且方式要与新愿景相一致。

二、控制变革力量的技巧

变革管理的难点和目标在于平衡好变革、发展和稳定的关系，这听起来似乎像社会改革的政治口号，但对于一个企业来说同样适用。要平衡好这三者的关系，首先要善于从不同的角度看待企业。第一种角度是逻辑角度，即把企业看做一个能把输入变为输出的"机器"。第二种角度是政治角度，即把企业看做一个由拥有不同目标和利益人群组成的集体。第三种角度是社会文化角度，即把企业看成一个由社会人组成的、具有一定行为准则的小社会。在管理变革时，如果忽视任何一个角度，都难以达到预期效果。

市场包括消费者、客户、供应商、技术、投资者、政府等各方面的因素，其中任何一方面的变化都可能转化为对企业变革的要求。能否管理好这些变革，尤其是重大变革，是企业在竞争中成败的关键。

具体来说，为了平衡好三者的关系，首先要确保变革逻辑性正确。变革最大的逻辑性就是变革要以发展为目的：改进把输入转化为输出的效率。如果变革本身只是个零和游戏，不产生增值，那么变革就难以获得足够的支持。逻辑性体现在变革要有长期目标、短期目标、合理的策略、较为详尽的计划和时间表、数据支持、具体的制度支持等。但变革具有逻辑性只是确保变革能成功的一小部分，因为它只解决了变革与发展的关系问题。要想解决变革与稳定的关系问题，从政治的角度看待企业是非常关键的。变革毫无疑问会导致企业内部不同员工群体权力利益的再分配。即使变革从总量上会增加整个企业的价值，如果在此过程中某一部分人反而会丧失一些权力利益，或者只是相对少地增加了权力利益，那么变革也会遇到强大的阻力。从社会文化的第三种角度来看待变革是确保可持续性发展的重要因素。重大变革不是以企业业绩在短期内达到预期水平为终结的。只有当企业内员工及与外部相关的人员（如股东、投资者、社区等）都充分地从思想上理解了此变革并在行为上给予支持时，变革的成果才可以长期维系。不然，很容易出现旧病复发的现象。这一角度的另一重要方面是要充分意识到企业的社会文化惯性，没有足够的启动力量是无法克服这一惯性的。故而创造变革的需求即危机意识非常重要。企业的社会文化特性同时要求变革缓行。任何重大变革在微观上都是一点点实现的。人的思想和行为尤其如此，操之过急只会欲速则不达。

为了应对未来的重大变革，企业应在日常运作中注意控制变革力量，注意培养和提高企业的变革管理能力。以下几方面可供参考：

第一，要明确企业的使命和核心价值观。绝大多数人都不喜欢整天生活在不确定性之中。在变革时，让参与者明白什么东西不变是非常重要的。对于一个企业来说，长期目标、短期目标、经营策略、组织结构、企业领导等都是可能频繁发生变化的，但企业的使命和核心价值观是不应频繁变化的。当重大变革来临时，它们会起到维系组织的作用。

第二，要建立开放式的信息沟通系统，尤其是企业内部人员与外部市场环境之间的信息沟通渠道要畅通。这样做能确保企业内部人员的思想不与外部市场脱节。当外部市场变化时，企业内部相关人员会自动生成部分变革原动力，减少变革的阻力。这个信息系统同时要起到变革预警机制的作用。

第三，要培养企业内部社会资本，即人与人之间及企业与人之间的信任。单个变革不可能让每个团体都同时平均受益，更多的情况是让一部分人短期先受益，并通过一系列的变革从长期确保每个人的最根本利益。在这样的情况下，员工之间、企业与员工之间的信任尤为重要。没有足够的信任，就没有人愿意承担给予别人先发优势的风险，变革只能采取平均主义的方式而限制了变革效率。

第四，要注意选拔有变革精神的人员配置在中高管理层上。在选拔中高层领导时，应注意他们过去在变革中的表现。一般来说，过去的表现是其未来表现的良好指针。

第五，要注意使组织设置具有灵活性即易变。比如说，过分细化的组织结构及泾渭分明的职责分工会使企业变革难度增大，而采取跨部门小组等方式就会灵活得多。这对企业中高层领导的思想意识及管理技能都提出了更高的要求。

如果把以上这些方面在日常运作中未雨绸缪，企业在应对重大变革时会从容很多。对于领导者来说，变革管理才是真正的挑战，同时也只有善于控制变革力量的企业家，才能成为真正的领导者。

三、深度沟通，清除障碍

孟子曰："君子之厄于陈蔡之间，无上下之交也。"一个有效的变革计划交流方案，将有助于整个组织成员理解变革的蓝图，使组织整体充满活力，从而群策群力向目标迈进。交流方案要细述目标群、关键信息、交流对象和适宜的媒体，以便在每个目标群都取得最大影响。除了组织内部的成员外，还必须顾及利益相关的外部人员。中国的公司经常是重"内视"而忽略外部环境，为了避免这种危险，你不妨分别对内部和外部"微服私访"，充分了解内部员工、股东、新闻界、顾客、债权人、供货商、政府以及当地社区对本企业变革计划的看法。

战略变革开始往往让组织成员在观念上无所适从，文化惯性使他们怀疑变革的真实性，既有利益者会在非正式场合散播变革的不利因素。如何让变革的决心深入人心，让创新价值观成为坚定不移的价值取向，是这场变革的关键。标杆效应是让成员迅速适应变革的有效方法，让反对和不支持战略变革的人离开团队，奖励在战略变革中有示范效应的员工，是使员工清楚何者是对、何者是错的捷径。变革是需要付出成本的，解雇不适合战略变革的成员，本身就是一种价值观取向的标杆，形成主流文化，坚决清除变革途中的障碍，是向组织成员宣示这场变革的决心的最好途径。

孙子曰："知可以战与不可以战者胜。"作为交流计划的一部分，你必须确定对变革方案的成功至关重要的目标群。那些"变革冠军们"的影响力往往不取决于他们的职位和职能。变革冠军们常常是起初承担非正式角色，事后才正式批准。你必须首先确定舆论领导人和"最早接受（变革）者"是谁。这些人具有很高的能量，能够推动变革的进程。你还必须注意潜在的阻力，这些是必须克服的早期障碍。要争取笼络那些"军阀头子"，即能够有力地控制某个组织且独立性非常强的那些人。要发布的信息必须因目标群的不同而编制，以摸到他们各自的"电门"。交流对象包括在位的权势人物，也包括具有很大的非正式影响力的"内部网络人"。不同的观众和信息要求用不同的媒体，包括首席执行官的书面信、录像带、讨论、研讨会、项目简报、传单、布告和 T 恤衫。主管应当通过关注某种"交流韵律"——比如信息的撤销——来跟踪自己的交流策略的效果。

为了加强变革交流，推动变革深入，需要做到以下几点：

（1）推敲每一项改变可能会如何影响相关人员。

（2）细心观察，看是否有隐藏着的抵抗。

（3）寻找同盟，使其帮你一起对付批评和保守势力。

（4）充分利用那些在成功变革中起重要作用的人员。

（5）让人们感到他们的职责至关重要。

四、培育中层的变革力量

变革的阻力非常大。国营企业、民营企业也好，小企业、大企业也好，变革的阻力不但来自外面销售、客户或者是上下游的这些合作方，更重要的是来自于企业内部的阻碍。尤其来自高层的阻力，将可能葬送整个变革，在这种情况下，企业变革有三个办法：

第一个办法是借助外脑，如管理咨询公司。因为每次变革就意味着很多人要离开，每次变革就意味着公司有很大的变化，借助跨国公司或者是知名行业里的公司对企业做分析的话，对董事会来讲是一个非常好的办法，借助外脑，专家说这个企业应该怎样做，这样往往比直接变革来得快。

第二种方法是很多企业采用的，就是大刀阔斧地换人，比如说执行总裁或者是执行 CEO，包括某个部门的总裁。这时企业需要换新人进来，这样会给企业带来一种新的变革。

第三种方法是要从企业内部发现变革的力量，包括从企业内部提升一些有想法、有创意、有决策的人员进行企业的变革。就目前来讲，要从内部提升的不是很多。

企业的中层是变革战略执行中的关键。

变革一定要"一把手挂帅"，但同时"不能只领导、不授权，没有了中层的投入和参与，变革不可能成功"。特别是在变革中，中层常常是企业中受影响最大的人群。只要中层经理获得发言机会，他们通常都能提出有价值的创新想法，并且能够也愿意将这些想法付诸实施；与大多数高层经理相比，中层经理更善于充分运用公司内部的非正式关系网，而正是这些非正式关系网，才使得实质性和持久的变革成为可能；中层经理能够适应员工的情绪以及情感需求，因此，能够确保变革的动力得以维持；中层经理能够驾驭组织中的连续运行和变革之间的张力，他们一方面防止组织陷入极端的惰性；另一方面又能避免组织陷入极端的混乱。

如果高层忽视中层经理扮演的角色，将大大降低在公司中实现重大变革的可能性。事实上，在变革中，中层经理可能是高层经理最有力的盟友。

五、关注基层的变革热情

变革时不要忽略了员工。当员工相信变革是正确的，而且符合程序规定时，他们甚至会接受对他们个人不利的变革。公司应该与员工沟通变革的价值，并且让员工相信变革是做得到的，才能争取到员工的支持。员工改变的原因包括顺从命令、追随他们尊敬的人，以及支持他们真心相信的变革。越是后面的原因，员工对变革的配合度越高。

企业要能够帮助员工定义新的行为方式和工作方式。企业的活动存在互动性，任何活动间都有相互影响。伴随新的战略实施，员工必须有新的行为方式来配合，企业也必须建设新的企业文化、设计新的工作方式来适应新战略。

思考如何帮助员工配合变革，公司应该自问：

（1）变革将对哪些人不利？

（2）公司在做决定时，如何做到公平？

（3）这个改革对组织和员工而言，短期和长期的主要正面影响如何？

（4）谁是员工的意见领袖（他们常常不是职责上正式的领袖）？如何能邀请他们参与变革？

（5）要开始和持续进行这个变革，员工需要哪些技能？

（6）公司应该如何帮助他们建立这些技能？

（7）公司必须提供哪些奖励，鼓励员工配合变革？

有效的激励系统是充分调动员工的潜能，实现自我激励，从而鼓舞员工士气达到实现企业战略目标的重要保证。有效的激励制度在于调动员工内在的动力因素，即自我激励因素，鼓励员工参与管理、提出合理化建议的制度。

一旦确定了组织的新的行为方式，运作系统也要作出相应调整，以强化员工新形成的行为方式。比方说需要制订具体的奖惩措施，包括职务提升，强调企业对员工创造性的重视，对大胆尝试行为的鼓励以及对任何积极变革行为的奖励。

第六节　铁腕变革执行的能力

由于变革不可避免要涉及几个方面的情况，如有人反对或不支持，内部冲突与摩擦，放弃一些短期利益，重新分配资源等，变革自然而然就不会一帆风顺。为了实现变革的愿景目标，实现企业发展的战略转移，必须进行铁腕变革。在 20 世纪 90 年代末，迈克尔·戴尔深深洞悉互联网在未来的作用，因此决定在全公司范围内强化网络建设，但是许多人觉得 CEO 疯了，几乎所有人都没有什么反应，戴尔亲自设计了一张大大的海报，张贴在公司的各个角落，在海报上，戴尔一脸酷相，半侧着身子，一手直指向你，下面印着一行大字：

Michael wants you to know the net!（迈克尔希望你把互联网搞通！）

同时，戴尔在全公司大会、小会以及各类场合不断地要求管理层人人熟悉并使用互联网。他的执著与努力使得戴尔成为最早使用互联网进行直销的企业。

一、变革的铁腕执行与领导境界

由于感觉自身的利益可能受到影响或者仅仅是惰性的存在，使得某些员工不愿意、不理解、不配合，阻挠甚至破坏企业的改革计划。可能有些员工不明真相地附和起哄，对这些员工应该以解释为主。还有一些利益受影响的员工会唆使其他人抵制变革，对这些人就要采取其他措施，比如调离、调换甚至辞退。

归纳说来，铁腕变革需要三个重要的条件：①领导人的眼光与决心。

②核心团队的组建与权力。③执行的步骤、方法与监督。

在这三个方面，能否做好以下工作是能否进行铁腕变革的关键，即领导班子的强势作风与紧盯不懈；一切配套措施，即使是制度，都要迎合变革；变革内容的事前沟通、事中观察与事后修正；遇到障碍或阻力，立刻解决或调整。如果是错误，就立马叫停；追踪变革要注意薄弱领域；形成强有力的变革文化；变革执行前，把变革主力安排到位，只提升对变革尽心尽力的职员；提醒人们，变革并不是少数人的事而是所有人的事，通过你自己对变革的全心投入为其他人树立榜样；利用定期的进度会议，强调取得的成绩，聪明的领导者并非简单地命令要变革，而是通过操纵信息舆论来实施控制等。

为了保证变革的成功，铁腕变革要避免以下几个方面：沦于空洞的口号；公司全体缺乏共识，也没有危机感；没有奖励也没有惩罚；忘了改造员工的思想；对变革的重点没有突出也不加强力度贯彻；缺少反馈机制，追究脱钩；未能坚持，很快就恢复原状；没有将变革深植于文化。

当所有人都在黑暗的森林中迷了路时，众人会跟随那个非常肯定地声称知道出路的人——即使他实际上不完全知道。作为一个领导者，你也要在关键的时候向大家发出一种声音：除了变革之外，公司别无选择，让大家相信尽管前方困难重重，但也只有踏平艰险才能把企业引向光明的坦途。

战略变革是一个痛苦的选择，来自各方的利益人群由于不同的目的都会对变革产生压力，战略变革的倡导者能否有一种积极的心态来应对，是变革能否持续的最充分理由。海尔在进入金融业的多元化战略上，各方的舆论大多持怀疑的眼光，甚至对其财务状况提出质疑。通用在战略的变革道路上也不是一帆风顺，能够使变革成功的理由是他们有一种应对压力不放弃的信心。

一个优秀的变革领导者需要有"先点燃自己"的勇气。如果变革的领导者自己都不全身心投身变革的"火堆"，很难想象员工会真心跟随你经历"激情燃烧的岁月"。由于变革的道路充满险恶，对于生存现状尚可的企业来说，有人会感觉变革是不可理喻的折腾，即便是中高层的追随者，有时也会满腹疑虑。因此，"将军"首先要把变革的火炬绑在自己的身上，以此为"士兵"们鼓气，迅速将"星星之火"燎原。

如果领导者表现出身先士卒的大无畏气概，有决心把火先点燃自己，员工自然会被你的勇气和激情所感动，进而义无反顾地跟随你推进变革。孙子曰："故善战人之势，如转圆石于千仞之山者，势也。"

为了使大家义无反顾地执行变革计划，领导者必须让每个员工清楚地意识到，除了变革没有退路可走，否则人们会抱侥幸的心理回避或拖延变革。新加坡的自然资源并不理想，作为一个岛国，它的关键能源依赖于进口，因此，它只有不断创新才可能生存和发展。为了激励人们不断地创新，李光耀苦口婆心地鞭策和激励国人：新加坡人如果不去迎接重大的变革，不继续辛勤工作，那么强大的邻居马来西亚就很快会将新加坡纳入它的版图，人民将失去独立、自由和财产。这一寓理于情的忠告激发了新加坡人的紧迫感，促进了变革的迅速展开。企业首席执行官在领导变革时，也必须表现出对变革成功的强烈欲望和战胜困难的坚强意志。

作为一个模范角色，首席执行官必须为他的追随者立下高标准。领导者必须"身体力行"，只要求人们履行他自己也会履行的职责。例如，面临着自己生产的化学品的危险，实业家杜邦要求他的员工要有强烈的安全意识。于是，他把自己的住宅造在工厂厂房附近。希腊英雄奥德修斯为确保自己不会受塞壬的诱惑，将自己绑在船的桅杆上——这对他的船员来说是一种强有力的象征。领导者必须确保人们清楚地知道：没有退路可走。如果有"后退的选择"，人们会变得洋洋得意。领导者也必须表现出对胜利的强烈的欲望——一种战胜困难取得成功的铁一般坚强的意志。他们必须投入到"空前的困难"中去，他们必须在整个组织内进行充分协商——聆听、建议、寻求支持。

二、铁腕执行是确保变革成功的基础

变革计划与战略设计完毕之后，所有员工将正确地且勤奋地工作，但难免会出现失望情绪。其原因有以下几点：

其一，变革进程中有许多不可控制、非常规和不可预料的因素，需要执行要素的充分配合。其二，即便各部门、员工正确地理解了变革计划，他们却可能错误地做另外一些与变革目标无关甚至相反的事情，也就是说，他们错误地认为这些事情是必要的。譬如，某软件公司的年度战略是迅速完成产品开发并上市，研发部门却可能认为继续修改软件功能设计，使之包括更多、更新颖的功能，是部门的重点任务。这里还没有设想最糟糕的情形，由于管理层未能和员工就公司战略进行有效沟通，员工根本不了解公司战略，完全凭惯性做事。其三，并非所有员工都必然地正确、勤奋地工作，他们需要被激励——因为做正确的事而受到奖励，并被激励去改善另外一些方面；其四，变革方案的变化是一种常态，需要执行手段的不断适应。随着时间的推移，变革计划在实施中可能遇到问题，使得以前的设计不再适合。此时，领导者需要根据原计划实施的情况，重新确定（和员工一起）各部门、各员工应该做什么，应该因做好什么而受到奖励。

因此，不能使计划与执行完全分开，在制订计划的同时就应该想到执行，思想和行动要紧密联系在一起同步前进。执行是变革策略实施的基本环节。实际上，任何策略的成功都包含"策略制定"和"策略执行"两个必不可少的步骤，而这两个步骤集中体现的是企业经营管理的能力或者综合素质，所以不能割裂地看待或者片面指责究竟是"策略失误"还是"执行失误"，对于领导者，这两种失误都有不可推卸的责任。从历史上看，马谡是当时的策略专家，但执行发生重大错误，结果不仅害得蜀军大败，而且丢掉了自己的性命；而赵云不是最聪明的策略专家，但往往执行到位，故此被称为常胜将军。

实达变革的挫败令人扼腕，它曾经是我国民族 IT 业的代表之一。关于其败因有种种说法，但执行不力不能不是一个最直接的原因。

首先是对新项目的执行不力，导致许多前景看好、策划不错的新业务发展不起来。事前对项目的组织和操作过程缺乏整体细致的可行性分析和详细的执行计划。在执行过程中缺乏必要的执行技术和执行监管，一些项目出了很大问题还不知道，发现了问题以后也迟迟没有及时采取行之有效的措施，堵住亏损漏洞，优柔寡断反而使亏损扩大化，直到公司实在坚持不下去了才草草收场。所以，在整个扩张过程中，实达对项目发展看错了，但由于执行得当而全身而退的不多，看对了但执行错了的却是不少，累计给集团造成了数千万元的损失。代理国外品牌 PC 和笔记本电脑的海达以及其他从事 IT 领域的世纪、弛宇、计算设备、得实公司等项目基本上可以归结于这方面的原因。

其次是业务管理执行能力的薄弱，导致内部运营秩序混乱。特别是在业务活动中重销售轻管理、满足账面利润忽视资金回笼、库存积压物资未能及时处理等方面问题尤其严重。其实，这并不能归咎于制度不健全，实达在这方面有着明确的规定，但却不能依规定而行，以至于实达在 2000 年年底进行大盘点时，形成了大量的盘亏和损耗。这些问题在西方公司的清理中也同样体现出来。

最后是最高层的执行意志缺乏力度，以致整个集团的变革执行能力薄弱。长期以来，实达集团高层通过现有的管理框架无法对集团的资源进行有效的整合，在业务突破的方向性问题上缺乏领导权威，最高层未能形成强有力的统一意志协调各方利益关系，形成不了整体的执行力，不必要的扯皮和内耗不断加剧，最终引起剧烈的"人事大地震"，制约了公司的健康成长。

第五章 变革领导力的素质框架

孙子曰："将者，智、信、仁、勇、严。"领导者要有过人的智慧，以作出正确判断和合理的决策；要言出必行，以建立威信，同时要信赖部属，进而获得部属的信赖；要有仁德，要爱护和关怀部属；要有道德和做事的勇气，能下决断，并有魄力地执行任务，敢作敢当；必须严守纪律，尊重制度，赏罚分明。

身处变革时代，要带领企业实现二次创业，乃至三次创业，企业家面临着更为复杂的情势和挑战。这要求他们不仅要有过人的洞察力，而且需要坚强的意志品质和人格素养。领导组织从领导个人开始。同古人相比，变革中的领导人需要具备更全面的综合素质，我们将其概括为变革领导力的七项素质。

第一节 做该做的事而不是去做想做的事（素质一）

如果一个领导者不能自我约束，去做正确的事，结果必将是陷入管理的泥沼之中。

有这样一个小故事：有两个人，到非洲去考察。他们突然迷路了，正当他们在想怎么办时，突然看到一只非常凶猛的狮子朝着他们跑过来，其中一个人马上从自己的旅行袋里拿出运动鞋穿上。另外一人看到同伴在穿运动鞋就摇摇头说："没用啊，你怎么跑也没有狮子跑得快。"同伴说："嗨，你当然不知道，在这个紧要关头，最重要的是我要跑得比你快。"

这个故事告诉我们：关键时刻不要做多余的事情，也不要束手无策，而是应该做该做的事情。

歌德说过："重要的事绝不应被极不重要的事情所牵绊。"

著名的 20/80 法则告诉我们，80%的重要事情只需要 20%的时间就可以完成，人们在各种领域中努力经营，而 80%的结果是来自 20%的活动。

德鲁克对此可谓深有研究。他在《卓有成效的管理者》一书中非常中肯地提出：有效的管理者知道他们的时间用在什么地方，他们集中精力于少数重要的领域，必须善于做有效的决策。

因此，一个优秀的领导者，特别是变革时期的领导者，应该有突出的自我意识，自我意识意味着领导者对自己的感情、优势、劣势非常了解。古希腊的太阳神阿波罗几千年前就在德尔斐城告诫人们："了解你自己。"中国古代圣哲则语重心长："人贵有自知之明。"有着较强自我意识的人心态才会平和，既不会过于吹毛求疵，也不会不切实际地幻想。相反，他们有很强的自制力，他们深知自己的行动会带来什么样的后果。

我们可以想象这样一个场景：一个高层管理者刚刚看到他的部属递交上来的一个糟糕的项目报告会作出何种反应。一般情况下，如果这位管理者面临着巨大的压力，他可能会恼怒地拍桌子、踢凳子或摔杯子，有可能把部属叫过来大骂一通，结果呢。

一个高层管理者会面临各种各样的诱惑，能不能克制自己并清醒地认识自己，便成为一种关键的领导品质。

一个领导者能够了解自己、克制自己，为所当为，才能够创造一个良好的领导氛围，才能够不犯致命的错误。

孔子在《礼记》中讲道："君子道人以言，而禁人以行。故言必虑其所终，行必稽其所弊，则民谨于言而慎于行。"

作为一位领导者，需要时时刻刻对自己的言行负责任，因为你的言行时时刻刻影响着别人。对此，我有着亲身经历：一次偶然的机会，一位普通员工告诉我，每次我出差回来（由于工作原因，我出差非常频繁）精神很好，春风满面，他们就感到非常振奋；每当他们看到我满面疲态地带着行李回到公司，他们就感到压抑。一个如此细微的行为都能让员工的心态发生如此明显的变化，所以令领导者必须时刻注意自己的言行。

作为华人企业家代表的李嘉诚对此更是深有心得，他在汕头大学的一次讲演中谈到：想当好的领导者，首要任务是知道自我管理是一项重大责任，在流动与变化万千的世界中，发现自己是谁，了解自己要成为什么模样是建立尊严的基础……我认为，自我管理是一种静态管理，是培养理性力量的基本功，是人把知识和经验转变为能力的催化剂。

华立集团董事长汪力成先生能够把一个小小的集体企业带入一个数十亿资产、已经成功存在了30多年的大型跨国企业，不能不归功于他这种强大的自我管理能力，而这种自我管理能力实质上成为他的一种修炼与个性。1989年的一天，他带领华立团队面对省市有关领导以及各类专家100多人进行一个大型项目论证，会议气氛热烈而紧张，偏偏此时有人递上一张字条："你爱人难产，生命垂危，请速去医院签字。"汪力成镇定地在纸条上写下，由母亲全权代表我。整整一个上午，汪力成充分、深刻、精辟的雄辩赢得了与会专家的热烈掌声。掌声刚刚落下，汪力成就跨上自行车飞速驶向医院。面对刚刚降生的儿子，汪力成的眼泪夺眶而出；面对妻子嗔怪的目光与委屈的泪水，汪力成故作轻松地说："我相信老天会保佑你们母子平安的！"

实际上，这并不是汪力成唯一的一次"大义"行为，在洪水来临的工地，他第一个跳下水去固定那些挡水的水泥袋，因为汪力成知道，一个领导者如果不能以身作则，是无论如何也不能把企业带大的。在2000年与笔者的一次谈话中，他坦诚地说：

"企业的灵魂是企业家，其地位不一定是权力的中心，而是精神的领袖。中国的企业家与西方的企业家不同，西方人可以随随便便，而中国企业家则要时刻检点自己，要具有鼓动性，是一种无形的力量，我们作为领导者，关键时刻要发挥关键作用……领导的权威当然是非常重要的，我用权比较少，更多的是用'威'。长期以来身体力行，个人行为与企业行为合二为一，才能形成'威'。"

第二节 在复杂情境中找到简单途径 （素质二）

某报纸曾举办一项高额奖金的有奖征答活动，题目如下：在一个充气不足的热气球上，载着三位关系世界命运兴亡的科学家。此刻热气球即将坠毁，必须丢出一个人以减轻载重，使其余的两人得以存活，请问该丢下哪一位科学家？

问题刊出之后，因为奖金数额庞大，信件如雪片飞来。在这些信中，每个人竭尽所能，甚至天马行空地阐述他们认为必须丢下哪位科学家的宏大见解。最后结果揭晓，巨额奖金的得主竟是一个小男孩。他的答案是：将比较胖的那位科学家丢出去。

事物本源其实很简单，但人们往往把它们复杂化。无论是在工作中，还是在生活中，要对事物有系统的把握，从根本上说必须具备善于将复杂问题简单化的能力，也就是一针见血地捕捉问题实质的能力。

简化的出发点就是为你减少工作和个人生活中所做事情的数量。你能够自由支配自己时间的程度，取决于你终止多少价值极小的事情。你必须停止做多年以来已经习惯做的一些事情，甚至也许要停止做某些你擅长并自得其乐的事情。

简化生活，可以应用"复杂性定律"。复杂性定律表明，任何任务的复杂程度等于那项任务的步骤的平方。复杂性可以定义为增加开销、增加时间或增加错误的可能性。复杂性定律显示，通过不断寻找途径来减少完成任务所需要的步骤数目，你就能够极大地简化自己生活。简化步骤以外，还要简化目标、简化形式、简化内容（剔除重复的内容），在简化的同时集中力量细化你的关键、强化你的核心、提升你的水平等。

领导工作的有效性主要表现在用较少的时间和精力实现正确的工作目标。这里的前提是工作目标的正确性。但是，实现目标需要调动各方面的力量，因此，领导工作才会呈现出复杂化的趋势。作为领导者，如何使复杂的工作简单化，借此来提高工作效率，是一个很值得探讨的问题。

我们在研究方太文化的时候，总经理茅忠群反复强调一个词是：简单、有效。我问道：您是如何看待简单的？他很认真地说：不要把"简单"想简单了，否则简单就是马虎。

实际上，这与茅忠群的管理思想一脉相承，他的"以人为本"和"信任就是最大的责任"就是要充分调动员工的主观能动性，因此，他主张少用制度，多用原则，他的主张是：先把原则写出来，然后经过试用、精练，并进而形成有效的原则。

我曾经在《本土化执行力模式》一书中提出过一个"刺猬理念"，这来源于刺猬与狐狸的故事。据说，狐狸是智商很高的聪明动物，它机灵的脑子里经常有七八种想法，但是不知采取哪种方法更有效；看似憨厚可爱的刺猬一般只有一种想法，一种强烈的想法，然后专心地去实现这种想法。我们提倡的刺猬理念实际上是一种做事简约、专一的理念。

无论是自然界还是社会领域，"简单"是一种朴素的自然法则。"简单化"是识别科学理论所蕴价值的一条重要标准。爱因斯坦非常重视这一标准，他说："实际上，自然规律的'简单化'也是一种客观事实，而且正确的概念体系必须使这种'简单性'的主观方面和客观方面保持平衡。"他认为："科学理论"唯一事关紧要的是"基础的逻辑简单性"，它是"一切科学的伟大目标"。"一种理论前提的简单性越大，它所涉及的事物的种类越多，它的应用范围越广，它给人们的印象也就越深。"伊斯顿在《政治生活的系统分析》一书中指出："可以肯定地说，理论的使命就是简化……用一种同样复杂的理论研究复杂事物，往往只会导致失败，而不会有助于理解。"

郑板桥在形容写文章的感悟时说："删繁就简三秋树，领异标新二月花。"后者是说竞争中的差异化定位和创新之美；前者讲的就是化繁为简的境界之美。同样，做企业也是如此。管理的境界之高不是广铺摊子大肆渲染，而是有骨、有筋，瘦硬通神。"血肉"太多，容易头昏、笨拙和失去控制。

《简单的威力》的作者、美国著名的管理学者比尔·詹森直截了当地声称：简单，是一种革命，是为了化繁为简。

同样，中国传统政治管理文化语境中的"治大国若烹小鲜"、"举重若轻"等，都是在体现着"归一"、回归简单的思想。

但今天的企业界，与简单管理相对的是现在很多人像玩弄杂耍一样管理和运营企业，比如构建繁杂的组织结构；让难以驾驭的业务"全面开花"；矫揉造作的宣传策略；名目繁多的子产品（比如某名酒厂家旗下有上百个子品牌，结果大大透支了母品牌的能量）。还有一些厂家甚至连下个季度的广告费都拿不出来，却老把做"百年老店"和"500强"等概念放在嘴边，这些不切实际的理想成了无效的愿景。

"简单"是个中性词，但它与"随意"和"马虎"、"不负责任"是对立的。不要把"简单"想简单了。

一、让目标简单明确——简单领导第一步

关于企业存在的价值，彼德·德鲁克曾有论述："组织存在的目标在组织之外。"

"造钟，而不是报时。"著有《基业长青》等书的管理大师柯林斯指出，"伟大公司的创办人主要致力于建立一个时钟，而不只是找对时机，用一种高瞻远瞩的产品打入市场；他们并非致力于高瞻远瞩领袖的人格特质，而是致力于构建高瞻远瞩公司的组织特质，他们最大的创造物是公司本身及其代表的一切。"

坦白地说，简单地以西方管理理论来套中国企业，大多数中国企业的领导人在"造钟"上都不成功。在这个时候，如果不鉴别中西方价值观和环境的差异，中国企业往往会陷入伟大愿景的泥沼，因为这些企业的领导者往往把目标和愿景搞得神乎其神，甚至异常复杂，似乎不复杂就不足以证明自身的水平。结果，不仅搞得外人不大明白，就是企业内部也常常不知道目标是什么。还是从目标简单出发吧，因为目标本来就是很简单的。当初，沃尔顿在为沃尔玛设计目标的时候就是要让那些远离大城市的人们能够很方便地买到价格比较低的好商品。这个目标实际上几十年来都没有变过，只不过对象还包括大量的城市居民。我们的一家客户——连云港家

得福超市的董事长李海林先生在总结自己成功道路的时候，很坦率地表达：当初在连云港港区开超市不完全是为了挣钱，就是想让港区的居民不必到市区而可以更方便地买到物美价廉的商品。

二、让战略简单——简单领导第二步

一旦价值目标明确，回归企业生存的本源——追求持续利润，企业中的很多环节就会融会贯通。譬如，在战略选择上，就不会只让韦尔奇的"数一数二"原则成为美国人的专利了。在 GE 的级别上，攫取垄断式利润是重要的。中国企业还没有这个能力，赚合理的钱让自己继续活下去就是硬道理。

在一些人眼里，战略似乎是个很复杂的事情，似乎是个必须搞一大堆文件的事情。实际上，那一大堆文件应该是实施战略的具体计划，而不是战略本身，战略本身应该是一个很简单的事情。一个领导者所考虑的战略无非就是：第一，你想达到什么目标。第二，你达到目标依靠什么手段。第三，你的这些手段与别人有什么不同。第四，你如何使用这些手段并让这些手段见效。

联想当年柳传志制定战略，明确谈到"没钱赚的事不能干；有钱赚但是投不起钱的事不能干；有钱赚也投得起钱但是没有可靠的人去做，这样的事也不能干"。这不就是最实用的战略原则吗。

随着投资环境、市场竞争机制的日趋规范和透明，抵制诱惑、不盲目下赌注的行为也许更为寻常。作为一个组织，集中资源做对组织贡献更大、更有价值的事，从而能减少犯错和横生枝节的代价，更容易接近目标。而组织中的人，也会减少技术操作上的青涩、猜忌、无所适从带来的低效、低成就感。

三、让组织简单——简单领导第三步

德鲁克曾说：(企业) 管理的最终目的是将人力资源充分转化为生产

力，不管你是造肥皂的还是制造航天飞机的，最终的目标是人的成功。按照这个理念，日本松下公司宣称自己"制造人才，附带生产家用电器产品"是相当有眼力的。

组织是为人的才能发挥提供平台的，但是在有些企业里，组织首先是用来防范人的。管理者都习惯运用自己手中的职权，驾驭员工的行动，禁锢员工的思维，封锁员工的信息，用一堆无聊的事情和永无休止的计划、报告浪费员工的宝贵时间，压制他们的自信心。在一些企业价值链的不同环节，科室人员与一线员工，生产车间、业务部门的人员，相互鄙视、冷漠，毫无"同舟共渡"意识。当科室人员自恃发号施令者、检查和监督者身份时，一线人员正在心里痛骂这帮瞎指挥者、文牍先生和企业务实作风的超级杀手。

四、让流程简单——简单领导第四步

我们在一些企业常遇到的一个场景是：不是企业不重视流程，而是非常重视流程，但是没有了解流程的本质，不是让组织机构为流程让路，而是让流程为现有的或者不合理的组织结构服务，结果导致了"为流程而流程"的"流程综合征"，产生了流程型官僚主义。一位咨询顾问在健力宝的经历很典型，他在自己的著作和文章中写到：

在健力宝公司中，流程是一个经常被挂在嘴边的管理名词，"按流程走"是很多中高层喜欢说的一句工作用语。据说，健力宝内部所制订的流程文件汇总堆起来都快一米高了。确实，健力宝的工作流程是非常完备的，完备到哪怕是一个内部的摄影摄像工作都有一套详细的流程。健力宝的每一个部门都制订了一大堆流程，例如，人力资源部的业务流程多达23个。从健力宝人力资源部的流程清单看，这个企业的流程制订工作可谓精细到家，但是如此设计不是为了简约化，而是增加了不必要的复杂程序，增加了环节，增加了难度。本来一个电话和一句话可以搞定的事情，却一定要拟个书面的工作联络单，一些问题由于流程制约而要拖延很久才能解决。原因到底在哪里，一个致命的问题是：健力宝的各级管理者都在误解流程背后的真正含义，陷入了"为流程而流程"的不良循环中。

应该说，这位顾问的评价是中肯的，但是，笔者认为，健力宝人力资源部的流程应不止这些，至少关于绩效考核、社会保险问题处理、劳动纠纷处理、员工招聘等方面的人力资源流程还没有涉及，这里罗列的绝大多数是干部任免流程，如果再加上笔者罗列的流程，估计可能超过了40多个。多可怕的数字啊。在这样的流程环境中，人们还能干什么呢。

为什么会出现这样的"流程癌症"，主要源自领导者希望一切都能够通过流程解决，忘记了流程的本质。

五、让协作简单——简单领导第五步

"沟通是个无底洞。"管理大师汤姆·彼德斯说，"人类的天性就是这样。为了使沟通稍合礼节一点，时间短一点，你必须努力与别人沟通。"

彼德斯揭示了沟通反而使事情变得复杂的原因。其实沟通本身可以无处不在，现代化的沟通手段比过去更是丰富了很多。然而，研究者发现，在内部沟通中，至少有80%的会议、电话、亲自出席、E-mail属于分享信息，对行动没有帮助，不是为最后决策而沟通。如果对方对信息忽略的话，也不会造成严重后果，这就是我们常见的所谓"议而不决，决而不行"。而工作节奏加快、时间有限的压力也使人们缺乏倾听的耐心，散布消息或快速搜寻对自己有用的信息成为沟通的主要目的，这也是谣言比正常渠道发布的信息快很多、传播范围大很多的重要原因：人们不愿意花时间认清本质，深入问题解决的进程。

有人说："人都有误解的自由。"要使对方彻底理解并相互影响对方的看法或行动有一定的困难。但我相信，用我们的真诚和诚意，我们是能沟通的，并会取得"双赢"的结果。

茅忠群认为，简单之所以有效，就是因为基于人性的认识，而不仅仅是头脑发热。第一，他相信大多数人想做正确的事，想成为一个受人尊敬的人。第二，他认识到，我们生活在一个信息繁杂的世界，充满了无限的选择，多数人希望能够尽快找到解决问题的途径。因此，他强调，不要把简单看的"太简单了",太简单了就是粗放,我们说的"简单"是一种螺旋式的上升,是粗放的简单—精致的复杂—精致的简单的逻辑。这个阶段的简单化使责任、信任、自由、管理与控制都一目了然,从而使得每个人能更多地自主决策。

第三节 拥有无穷的活力并能适当地释放(素质三)

韦尔奇认为,高素质领导者的首要特质就是"对工作有无穷的活力与热情的人才是真正的领袖"。他进而提出 GE 领导者的关键要素是四个"E",排在第一位的 E 就是活力。活力给领导者带来绩效,活力也使领导者给人留下鲜明的印象。

有句老话说:"上司的速度就是属下的速度。"这话很有道理。一位经理人显示出来的活力会感染整个组织。

活力可以是激情,是强烈的自信,是强烈的个性,是特立独行,对自己的事业非常执著。活力可以表现为很多方面,但是活力往往与领导者的个人特质密不可分,也会体现为领导者独特的领导方式。一个拥有活力的领导者会给企业带来不可估量的有效领导力。

一、活力四射的领导

我们暂不说政治领袖中列宁的激情四溢、毛泽东的挥洒诗意、林肯的坚忍,商界的领袖们更是靠罕见的活力创造着奇迹:韦尔奇的忘我狂热、沃尔顿的即兴激情、盖茨的不惜一切、张瑞敏的"极限生存"一再证实了领导者的活力是多么的富有影响。

一个领导者必须有源源不断的活力,至少不能表现出沮丧的模样,才能带领下属往前走。要带领别人追寻理想,就要比别人有更坚定的信仰。

美国前总统西奥多·罗斯福在 1910 年的一次演讲中充满激情地说道:"评论者说什么不重要,那些指出一个勇士曾经跌倒、一件事情可以做得更好的人说的话也不重要。荣誉是属于那些在沙场上拼搏的人，他脸上满是灰尘、汗水和血迹；他英勇作战；他跌倒又很快爬起来，因为没有哪种努力不伴随着错误和缺憾。但是，只有那些实实在在努力过的人才能体会那巨大的热情、倾心的奉献。他把自己献给一个高尚的事业，他也许成功，领悟到取得辉煌成就的喜悦；他也许失败，但那是勇士的无奈，所以绝不要把他和那些冷漠胆怯的人相提并论，因为那些人既不知道什么是胜利，也不知道什么是失败。"这席话很好地描绘了领导者的活力本质。

领导者时刻不能忘记，你和下属们是互相影响的，而你对下属的影响又是至关重要的。如果你认为一旦下属们都无精打采的，那么最好先检查自己。热忱是会传染的，在一个积极的人面前，别人很难保持冷漠的态度。当你的活力向外散发到整个组织时，你在下属之间的影响力便不断地上升。

只有做一个活力四射的领导，才能为自己和企业带来成功。"活力四射"主要从以下几个方面体现：

（一）领导者的身体素质

管理工作的性质和特点决定了对领导者身体素质的要求比一般人要严格得多。作为领导者，身体素质和体魄强度等方面，必须忍受和适应管理工作对自己提出的许多特殊要求：杂乱且无规律的生活方式，马拉松式的会谈，口干舌燥的演说，令人头晕目眩的突发事件，无尽无穷的文山会海……这一切都像一座座关口，无时无刻不在考验着一个领导者的身体素质，要求领导人在身体发育情况和健康状态、体魄强度以及对艰苦环境的忍受程度等方面都要比一般人具备更加理想的条件。"管理人才学"上所讲的身体素质，不完全等同于医学或生理学意义上的概念，大致来说，身体素质包括以下两个方面的内容：

体力因素：体力因素是领导者身体素质的首要构成部分，除了体格上的要求，还应具有坚韧不拔的忍受力，能够承受较长时间的体力消耗与智力消耗。

心理健康：在"两眼一睁，忙到熄灯"的工作狂潮中，我们这里特别强调一下领导人才的身体素质，特别是领导者的心理健康。

（二）充分有效的管理沟通

平易近人可以打开沟通之门，管理功能缺少这一点是无法运转的。活力和耐力可以激发出工作热情和提高生产效率。但若是缺乏沟通，就无法有效地进行。

管理沟通自身独特的内涵如下：

（1）沟通首先是意义上的传递。

（2）要使沟通成功，意义不仅需要被传递，还需要被理解。

（3）在沟通过程中，所有传递于沟通者之间的只是一些符号，而不是信息本身。

（4）良好的沟通常被错误地理解为沟通双方达成协议，而不是准确理解信息的意义。

（5）沟通的信息是包罗万象的。

有关沟通技能的书已经有很多了，相信读者也有所了解，这里我们不再就此问题赘述。为了确定自己是否具备有效的管理沟通能力，可以问自己以下问题：

（1）你是否已经掌握并组织好沟通过程中所有相关的信息？

（2）你是否了解或掌握好了有关个体和组织的背景资料和环境状况？

（3）你是否明确要实现和能实现的目标？

（4）你是否清楚听众的需要？

（5）你是否清晰、生动和有说服力地表达你的观点？

（6）你是否选择了正确的沟通渠道？

（三）保持主动积极的心态

客观条件受制于人，并不足惧，重要的是，我们有选择的自由，可以对现实环境积极回应，为自己创造有利的机会，从而做一个真正"操之在我"的人。

积极主动的生活态度源于人类相信"人类最终的自由"，诚如富兰克

表 5-1 主动积极与被动消极的语言

主动积极	被动消极
我选择去……	我必须去……
我能……	我无能为力
我打算……	他就是这样一个人
试试看有没有其他可能性	除非……才能……
我可以控制自己的情绪	他们是不会接受的

林所言：

"我们这些生活在集中营的人，总记得那经常走动于茅屋中安慰别人的人。他们也许只是少数，但是他们提供了足够的证明：你可以取走一个人的所有，但你无法取走'人类最终的自由'，即在任何环境中，人有能力自由选择自己的态度及回应方式。"

（四）把潜能发挥到极致

人类有四种天赋潜能：

（1）自觉：检验思想、情绪及行为。

（2）想象力：能超越经验及现实的视野思考。

（3）良知：明辨对与错及遵循正直。

（4）独立意志：不受外力影响的行动。

领导者要做的是把自身的潜能发挥到极致，就是把自身的资源最大化使用。同时，永不满足，始终为企业寻找更大的发展目标，以终为始，不断进取。

许多人埋头苦干，却不知所为何来，到头来发现追求成功的阶梯搭错了边，却为时已晚。因此，领导者务必掌握真正的目标，并拟订目标的过程，澄明思虑，凝聚继续向前的力量。

二、活力从哪里来

根据普列高津提出的"耗散结构理论"，一个开放系统与外界不断地交换物质、能量和信息，当外界条件达到一定阈值时，系统可能从原有的混乱状态转变为一种在时间上、空间上或功能上的有序状态。

客观实际存在的系统都是开放系统，即系统与外界环境存在着物质交换、能量和信息交换，如人体就是一个开放系统，一个城市也是一个开放系统。对于开放系统来说，系统会受外界环境的影响，有可能从无序态向着有序态方向发展，也可能从某一个有序态向另一种新的有序态方向发展。举一个简单的例子：一个容器装有液体，在其下方加热，当加热强度达到某个临界值时，液体会出现很多中心流体向上运动、周边流体向下运动，形成微小对流形式的六角形的花纹结构，这种空间上有序结构的出现，不是依靠外力的安排，而是发生于系统内部。这种新的有序结构就是"耗散结构"。

把"耗散结构"理论用来研究管理，会得到有趣的结论：作为一个企业的领导者，在实施管理的过程中，处理随机产生的复杂混乱的问题，能够借助某种力量来达成质变，管理水平会上升到另一个层次，从而使问题得到解决，混乱得以改善：这种力量就来源于领导者的活力。

那么，什么能给领导者带来活力，领导者如何保持充沛的活力呢，让我们来研究人类自身这样一个系统。

我们知道一个常识：流水不腐，户枢不蠹。一个系统要想保持活力，唯有保持对外开放，接纳新鲜事物，使自己不断改善，保持常新的状态。对于人类也是同样的道理。领导者要保持开放的头脑，不断接触新鲜事物，要有开阔的胸襟，不断接纳不同的意见甚至是接受批评。

21世纪的领导者，要具备敏锐的世界眼光。面对"信息社会"、"地球村"、"数字世界"的历史性变化，领导者始终要着眼于世界大局，具备开放性的全球思维，从世界变化中来把握时代脉搏，透过重重现象，抓住事物的本质，切忌被身边的细琐事务缠身。领导者的世界眼光不仅要具有现实的广度，而且要具有历史的深度。要关心国际政治、经济、法律、文化思潮等各个方面的变化，特别要追踪研究与自己本职工作密切相关的世界变化，同时要研究世界发展的历史和各地的成败得失。21世纪的领导者，还要具备强大的创新能力。领导工作的灵魂就是创新和创业。因此，要有创造性思维，不断解放思想，敢想敢闯敢试。其中特别要强调多谋善断，谋划和决策本来就是领导工作的主要内容。在扎实的知识储备的基础上，对于新情况、新问题要及时研究，反复筹划，精心求证，拿出新招实招；要有工作的紧迫感，力争朝夕，解放思想，抓住机遇，敢于决策；要有很强的分析判断能力，善于科学决策。

目标是行动所要得到的预期结果，是满足人们需要的对象。目标同需要一起调节着人的行为，把行为引向一定的方向，目标本身是行为的一种诱因，具有诱发、导向和激励行为的功能。因此，适当的设置目标能够激发人的动机，调动人的积极性。人们的行为特点是有目的性的行为。有无目的性行为，其结果是大不一样的。一般说来，没有目的性的行为无成果而言；而有目的性的行为，才可取得最大最满意的成果。任何行为都是为了达到某个目标的。目标是一种外在的对象。它既可以是物质的，也可以是精神的或理想的对象。

目标是一种刺激，是满足人的需要的外在物，是希望通过努力而达到的成就和结果。合适的目标能够诱发人的动机，规定行为的方向。心理学上把目标称为诱因。由诱因诱发动机，再由动机到达目标的过程称为激励过程。目标作为诱因对人们的积极性起着强烈的激励作用。在现代管理系统中，领导能通过目标的设置来激发动机，指导行为，使个人的需要与组织的目标结合起来，以激励自我的积极性，才能保持长久的活力。

第四节　能够不断而深刻地激励他人（素质四）

根据一项有关反馈如何影响自信的研究记载，在一次模拟解决问题的场景上，MBA 的学生或受到表扬，或受到批评，或者没有对其成绩作出反馈。有人告诉他们说，他们的成绩将与上百个完成同样任务的其他人员进行比较。那些对于自己的工作完成情况一无所知的人，与那些遭到了批评的人一样，在自信方面遭到了重创。人们渴望得到反馈，他们确实想要知道自己做得究竟怎么样，明显没有信息与只有负面的信息将产生同样的影响。

为保证人们取得最优异的成绩，领导者必须采取措施让优秀的人才脱颖而出。这与领导对高标准的期望是紧密相连的，这是个自我实现的预言。所以，韦尔奇才说："奖励你的员工——这是最重要的事。作为领导人，我最重要的工作就是将我要给的奖励与我想看到的表现结合在一起。"

一、激励的力量："皮格马利翁效应"

成功的领导者无论是对自己还是对下属都有很高的期望。这些期望往往是有强大力量的，在强大的预期激励下，人们经过不懈的奋斗，就有可能得到自己希望的结果，甚至在期望的事情与实际发生的一切略有出入的情况下也是如此。

心理学家将这种情况称之为"皮格马利翁效应"，它源自于古希腊神话中有关皮格马利翁的故事。皮格马利翁是一位雕刻家，他雕刻了一名美丽女人的雕像，后来便深深爱上了这座雕像。在他的殷切希望下，这个雕像真的活过来了。

在开发人们潜能时，领导者要发挥类似于皮格马利翁那样的作用。对于自我实现预言现象的研究已经充分证明，某些人的行为方式与我们对他们的期望保持一致。如果我们盼望别人失败，他们很可能就会失败；如果我们盼望他们取得成功，他们就很有可能成功。

我们对他人的期望会影响我们自己的行为，这在很大程度上与我们如何对待他人有关。领导者对别人的期望很大程度上是建立在对自己期望的基础之上。这就是为什么善于激励的领导者更能成功的原因所在。

例如，某员工出色地完成任务，兴高采烈地对主管说："我有一个好消息，我跟了两个月的那个客户今天终于同意签约了，而且订单金额会比我们预期的多20%，这将是我们这个季度价值最大的订单。"但是这位主管对那名员工的优秀业绩的反应却很冷淡："是吗，好像你昨天还说过有一个客户，项目计划书送过去了吗？"员工说："还没有。"此时主管却严厉地说："快做，然后拿来给我看看，千万别耽误了。"员工垂头丧气地回答："好的。"此刻的他心里却想着：我这么努力地苦干并取得了本季度最大的业绩，可是我们那位毫无领导水平的主管却对此不仅不做任何表扬，反而因我昨天约见了一个客户，没来得及送去项目计划书之事就大发官僚主义地对我严加训斥，真没心思再像以前那样积极努力地工作了，反正我干出的业绩再大也都是白费力气，听不到领导的半点儿表扬。

通过上面的例子可以看出，该员工寻求主管激励时，不仅没有得到主管的任何表扬，反而遭到武断地批评。结果致使这名员工的积极情绪受到了很大的挫伤，没有获得肯定和认可的心理需求的满足。如果管理者不能满足员工被认可的心理，就不能很好地进行激励，员工就不会再有动力继续积极地努力工作了。

实际上，管理人员进行激励并非一件难事。对员工进行话语的认可或通过表情的传递都可以满足员工被重视、被认可的需求，从而收到激励的效果。

（一）高期望值导致高业绩

领导者的期望高不仅仅是为了保持积极的态度或者是自己的心愿。成功的领导者所持有的期望为人们连接理想与现实搭建了桥梁。正如"皮格马利翁效应"所揭示的那样，这种桥梁在促进人们发展方面发挥着重要的作用。也许你不能将一尊大理石雕像变成一个大活人，但是你能够让你的下属将潜力发挥到极致。

研究表明，当人们受到领导者的鼓励而采取行动并发挥自己最大潜力的时候，他们会经常出现焦急和紧张的情绪。然而，也正是同样的原因，一些人会勇往直前并完成别人期望他们完成的任务。他们都是自觉自愿的；他们都为自己所面临的挑战而感到兴奋。在自己的领导者高度期望值的刺激之下，他们增强了自信、勇气和意志力，从而不辜负领导的期望。

（二）激励的效果量化

激励对整个企业的发展非常重要，其重要程度可以通过量化时间和效率等成本的计算来表示。下面的两个公式是从员工角度来衡量的。由于激励的作用，员工主动提高了工作效率和增加了工作时间，这些都是员工为企业多付出的成本，也是企业在没有增加工资支出的情况下多获得的收益。

1. 计算时间成本

企业员工工作的时间有一个时间成本，其具体计算方法为：

时间成本 = 员工总数 × （激励后平均工作时间 – 激励前的平均工作时间）

员工得到激励后，其工作时间会相应的变长。用员工总数乘以员工在激励后的平均的工作时间，再减去员工在激励前的平均工作时间的积得到一个时间差，这个时间差就是公司激励员工所获得的利益。团队被激励以后，在工作时间上，员工必然能主动地给予公司更多的回报，这是非常有效的一种激励方法。

2. 计算效率成本

随着工作时间的变长，员工的工作效率也有可能降低，这可以通过计算效率成本的计算来进行评估：

效率成本 = 员工总数 × （激励后平均效率水平 – 激励前的平均效率水平）

公司的管理人员首先对员工的工作效率进行大致的评估，把员工的效率在 10%~100% 的范围内进行各自的定位，即在工作时间里，区分有效和无效的工作时间。结果发现，经过激励后的效率水平会从无效提高为有效，并且计算出来的数据显示，激励在提高员工的效率方面有惊人的效果。

二、关于激励的误区

(一) "激励就是满足员工的要求"

人们似乎已经习惯于这样的模糊理论：满足员工的需求，就能够产生激励作用。真是这样吗。

员工需要更多的奖金和福利，企业也经常增加奖金和福利。但是，增加了奖金和福利后，工作就必然更有效果了吗，未必如此。

事实上，人的行为（我们要的是有效的工作这种行为）会不会再生或重复出现，并不直接决定于他的需求是否得到满足。比如，人在饥饿的时候，需要的是食物。此时请他搬运货物，搬完了就给他馒头吃，他的需要满足了。那么，他这种有效果的行为——通过搬货物而得到食物——不一定会因为需求得到满足就再生、重复出现：下一次请他搬货物，他会搬吗，不一定，这要看对此事的评价如何。

评价很好，他就会搬——他能果腹就很满意了——评价很好，当然会再搬；

评价不好，他就不搬——对仅仅果腹嗤之以鼻——评价不好，自然不肯再搬。

人们由需要而产生动机，由动机而产生行为，由行为而产生效果。有效果不一定产生激励。必须有好的评价才会产生激励。所以评价是激励问题的关键所在。

评价有两类：

第一类是他人的评价。犹如拳击手猛烈出拳，得到观众喝彩——他人评价——于是他打得愈加勇猛。他人的评价产生了激励作用。

在管理上，对于员工工作的认可、首肯、鼓励、奖励都是"来自他人的评价"，会产生激励作用。管理人员应当善加利用，不要吝惜适当的评价，就能够产生很好的员工激励作用。不见得要给员工很多的奖金和福利才能够产生激励作用。因为两者并不成正比。

第二类是自我评价。犹如跳高运动员跳过了自己希望突破的高度，自我感觉特好——自我评价——于是他的临场表现愈好。自我评价起了激励作用。

在管理上，管理者与员工共同确定了目标，员工实现此目标后自我评价很好，就能起激励作用。因此，能否实施有效激励，关键在于评价是否得当、合适以及产生效果。激励不仅仅是满足员工的要求那么简单。

(二) "一两个激励手段就可以实现激励的目的"

激励并不是孤立的事件。不要以为管理者一对一地对员工进行了正确的激励工作，员工就都会受到有效的激励。就单单是评价本身，也是相互影响的。两个员工做好了相类似的工作。管理者给甲评价说："不错！"给乙评价说："好极了！"相互比较的结果，给甲的评价"不错！"就成为相对较"差"的评价而起不了激励作用。显然，评价受企业整体状态的直接影响，激励在组织系统中就不可能是孤立事件。因此，企业的整体的机制必然对激励起决定性的作用：对员工的激励是否有效。因此，存在更重要的问题：建构企业的激励机制。

无论如何，激励机制要求领导运用多种激励方式：愿景激励、情感激励、荣誉激励、物质激励，来实现最终的激励目标，由于现代激励理论已经在各种管理读物上非常普遍，这里就不再赘述理论内容，但是要强调一点，领导者要把激励的重点放在核心目标激励上，创造一种集体的活力，而创造一种集体精神。

对个人的承认和肯定将让受奖励者感到自己的所作所为是值得的，它有助于提高绩效。公共场所的庆祝活动不仅仅给个人和集体赋予了重大意义，还有助于提高他们的效益。它使得集体活动的作用更大。

特伦斯·迪尔和M.K.凯伊教授这样表达他们的观点："庆祝活动赋予生活以激情和目的……它将人们凝聚在一起，一道分享理念和理想抱负。庆祝仪式、典礼能够创造团结协作，将个人的心灵与公司精神融合为一体。当每件事情都进展顺利时，庆祝活动会使我们为自己的荣耀而狂欢。当事情进展不顺时，庆祝活动也能让我们相聚在一起，点燃希望之火，坚信胜利的曙光就在前面。"

公共的庆祝活动将提醒大家为什么我们相聚在这里，提醒大家我们拥有共同分离的理念和梦想。它让人们认识到，我们共同拥有一个整体，这样领导者就创造了一种集体感和团队精神，它们建立并维持着我们走向繁荣兴旺所需要的社会支持，在困难时期尤其如此。

三、激励形式要讲求创新

激励是一种反馈：愉快的、个性化的反馈。那是一种积极的信息，它告诉我们自己正在取得进展，我们正行驶在正确的轨道上，我们正在执行标准。激励需要我们去接近员工并表示我们的关心，因为它比较具有私人性质，所以比其他的反馈形式更积极，更有助于在领导与下属之间加强信任。

领导者不能只依赖组织内正规的奖赏体制，它提供的可选择范围极为有限，毕竟职务升迁和增加工资的机会都是有限的，所以不要犯那种认为人人都只会对金钱动心的错误。虽然薪水和奖金的增加对于认可个人的贡献是必要的，但是表示赞赏的奖励方式还有很多，如在另一位同僚的面前口头认可某个人的业绩。还可能采取有形化的认可方式，比如颁发证书、奖章、其他有形的礼物等，它们确实有影响力，而且有无限的利用潜力。

依赖组织的正规奖励体系需要细致努力的工作。比如，我们发现在作出业绩和获得提升之间的间隔经常多于 6 个月。所以，讲求效率的领导者会大量使用内在奖励方式——那种直接扎根于工作本身，如工作意识、创新机会和工作本身的挑战性等因素的奖励，而不仅仅依赖正规的奖励。在这种方式下，个人努力可以立即得到表彰。在提高工作满意度、奉献程度、耐力程度以及水平方面，这种奖励方式远比增加薪水和附加福利重要得多。

领导者总是不停地寻找方法让大家感觉自己像是胜利者，这是因为胜利者总是在自己负责的项目中努力作出贡献。联合美洲银行经营与发燕尾服部的副主席山姆·波米克在墙上挂了一只大铃铛，每次若有同事与一个新的客户签下一笔新的大额业务单子，这个同事就要敲响铃铛。个人的贡献立即会得到认可，其他人则会受到刺激。形式简单却能取得令人满意的效果。

奖励，特别是个性化的奖励，会产生重大的影响。

认可和奖励的程度对每个员工个人来说各不相同，这也可以解释为什么领导和他们所在的组织必须及时承认大家的贡献。毕竟，领导者不是通过在暗地里煽风点火，而是通过激发热情的方式来促使别人发挥最佳水平。正如美国邮政服务公司的地区经理迈克·马图塞克所观察的情况那样："每个人的内心之中都有一把熊熊燃烧的火。我的工作很简单，就是把它再拨旺一些。"这就能够解释每年迈克都给自己负责地区的 13567 名员工寄送自己亲自写地址、亲自签名的生日贺卡的动力所在了（那是一周写7天、每天要写37封的工作量）。这种温情的接触，与组织内的每个人在短短几分钟内就建立起私人之间的感情联络，是迈克负责的地区连续获得美国第一的一项重要因素。

个性化地承认别人的贡献来自于缜密的思考。那意味着在你对一个人进行观察之后反问自己："这个人真的如此特别和与众不同吗？对这段有意义的经历，我能做些什么以便能让他永远记住自己的贡献是多么的重要？"这种类型的思考在维恩·博耐特给予个性化认可事件上体现得非常明显：以一种强化标准的态度，寄予高度的期望，表明你一直在关注这件事情。

领导者使大家成为胜利者，赢得胜利的人们愿意奉献、超越标准和开发未知的领域。领导者应认可和奖励那些对于理想和理念有所贡献的个人。领导者在组织的正规奖赏体系之外还要表达他们的感谢之情。领导者应在致谢的时候自然且有所创新，你可以寄送字条、颁发个性化的奖励、专注地倾听，还可以无数次地试验其他认可方法。在这项建议里，我们提供了很多不同的策略，你可以根据不同情况进行选择，帮助你承认别人的贡献，把业绩与奖励连接起来。

第五节　既能这样又能那样（素质五）

管理是一种务实性的活动，必须与实际的情况相吻合才行。因此，管理无论如何都离不开它所处的环境，它所面临的国度和它的习惯、文化等。管理不是一种严格的自然科学，而是一种思维和方法，因此，没有绝对的管理规则，也没有绝对的管理思想。广义上说，应该每个具有不同国情、不同习惯、不同文化的国家或地区，它的管理就是不同的。

因此，领导应该打破旧有的习惯和体系，拥有开阔的思维，不固守成功经验，不断追求用新办法来解决新问题。既能这样又能那样就是要求企业领导不断创新和自我突破，创新是提高领导力的有效方法。

创新不仅指技术的创新，还包括管理中各种制度、文化和市场工具的创新，所有这些创新的实现都依赖于企业有"既能这样又能那样"的思考和做事的领导。

一、来自丰田的启示

前面提到的 LEXUS（凌志）是丰田公司的产品象征，其之所以能够获得如此殊荣，与时任社长的丰田章一郎的领导理念是分不开的。他发誓要造出最完美的轿车，在由美德统治的豪华轿车市场上为日本争得一席之地。但该从何处超越呢，对豪华轿车而言，低噪音和高的加速度是两个关键的标准。通常来说，速度越高，发动机带来的噪音越大。要超越奔驰汽车，研发人员便想着如何在这两个指标间取舍。然而，丰田章一郎却要求"既能够低噪音又必须速度快"，在这两个指标上同时超越奔驰。

面对着这样一个不可能完成的任务，研发人员一次次的努力都受阻。对此，社长只是表示：再想想办法。经过多次的头脑风暴会和一次又一次的实验，最终凌志以在时速高达 185 英里的子弹头火车的风洞内进行的多次空气动力测试为基础，推出了独有的加倍流线型车身，使得行驶所产生的风噪减至最低，并大幅度降低行驶中的阻力。LS430 的阻力系数是世界上所有豪华轿车中最低的阻力系数之一，仅为 0.26，具体表现为飞快的行驶速度、卓越的宁静度以及在狂风和侧风中行驶所具备的可靠稳定性，为凌志在豪华车市场上的地位奠定了基础。

凌志的成功证明，变革领导者不能简单地取舍、妥协，要有既能这样、又能那样的理念，才可能超越既往，创造新的商业奇迹。从此，不是"非 A 则 B"，而是"既 A 且 B"的理念成为丰田领导者的重要素质。用《TOYOTA WAY》作者、美国学者杰弗里·莱克的话说："他们是领导者，但也是杰出的工程师；他们是有远见的人，但他们也了解发展新车的最枝末细节；他们是独立的思考者，做他们认为最有利于顾客与产品的事，但他们也擅长运用丰田的网络取得必要的资源与支持；他们做其他经理人可能会委任给他人的许多工作，但他们也擅长激励所有参与计划者，使他们做到看似不可能做到的杰出工程工作。"

二、方太的平衡与中庸

针对许多企业家一味痴心于西方管理理论的情况，也针对许多人醉心于国学，似乎国学可以解决一切中国问题的另一种情况，茅忠群认为这两种现象很不正常。"只有既掌握了西方管理理念的核心，又汲取了中国传统哲学的精髓，才能形成中国企业家自己的竞争力。"他认为，"中庸"是中国传统文化的精髓，许多人误读了"中庸之道"，其实真正的中庸之道就是追求事物的合理性，而管理的核心就是"合理化"，也就是追求"既A且B"的平衡点。

谈起管理，就必然牵涉到制度。谈起制度，就必然会涉及什么样的制度是最适用的。受过现代管理教育的茅忠群竟然平静地说，他对现代企业制度的提法有些质疑，甚至认为：企业管理制度并没有什么先进与落后之分，现代之中有传统，只要是适用的，就是最好的，也就是最合理的。

茅忠群的结论是，所谓合理，就是管理要找到平衡点，而且大部分决策都能找到一个平衡点，平衡点即是目前对公司最合理、最需要的那个点，如长期利益与短期利益的平衡、控制与效率的平衡、原则与灵活的平衡、情与法的平衡。在这个基础上多给员工一些自由的空间。

他说：我比较尊崇唐太宗的"以德治国"，对法家的管理方法要慎用，尽量不用硬权力，强调以德服人。对于员工管理，他的方法是：少定制度多定原则，并说："我提出，'严'、'爱'结合，只有严没有爱，执行力不会提高，如何结合，我们要清楚：哪些方面是严的，哪些方面是爱的，比如诸葛亮挥泪斩马谡，'流泪'是爱，'斩'是严。"

茅忠群认为，对于员工，遵守制度、对待事情/工作是要严的，如果违反《员工手册》中的A类错误必然是要被开除的；对待员工是需要爱的，爱是行为上的爱，尊重他，关心他，为他考虑，培养他的能力；仅有爱没有严是溺爱，是没有执行力的。

制度要经常调整，以求合"理"，员工感觉公平、合理，才是管理合理化。但是"理"往往是客观而待定的，我们如果认定一条道理顺着往下推，就成了极端。事实像是圆的，假若认定一点，拿理智往下推，结果成为一条直线，不能圆，也就走不通，要依据常道去权变，因变而能通，便是"中庸"，便是合理化。

因此，茅忠群强调：仅仅偏重任何一方面都是不好的，有些管理者崇尚严，但是你的下属凭什么接受你这份严。目前的人才流动比较频繁，许多人喜欢看帝王电视剧，喜欢皇帝的手法，比如帝王对待纪晓岚和和坤的关系。实际上，纪晓岚是没有选择的，只有一个平台，只能在皇帝之下生存；在企业是不行的，下属的选择性比较大。因此，茅忠群强调认真研究中庸之道。朱熹说："中者，天下之正道；庸者，天下之定理。"《中庸》说"极高明者道中庸"。其实没什么高明不高明的，能把事情做得合理了，就是最高明的，却也是最难的。

茅忠群正在运用着中庸的思想治理着方太，也在尝试着寻找一个跨越中西方的管理体系。"辩证施治"是他的主要思维方式。他的看法是：

管理上没有标准答案，只有更合理的答案，而且合理的答案是随着时间、环境的变化而变化。关键是要注意处理好一些看似矛盾的行为（事物）间的关系，必须注意寻求平衡点绝对不是搞平均主义。

为此，他提出了以下管理关系之间的平衡：

（1）严与爱的关系；

（2）监控与信任的关系；

（3）制度与原则的关系；

（4）突破、改善、维持的关系；

（5）受控与效率的平衡（集权与放权的平衡）；

（6）速度、成本与质量的平衡；

（7）个性化需求与标准化大规模生产的平衡；

（8）内部员工之间利益的平衡——即内部公平性；

（9）短期利益与长期利益的平衡；

（10）原始性创新与模仿性创新的平衡；

（11）股东、员工、顾客、合作伙伴与社区利益的平衡。

这些"平衡性"不正是"既能这样又能那样"的体现吗？

三、运用全脑思维，跳出思维框框

作为一名领导者，每天都需要在战略思考、具体决策、临时问题、商务谈判、人际关系、工作与生活的平衡、相关信息、企业创新等方面运用自己的思维能力，同时还要面临各类突发事件和不确定性的风险等。这一切都对领导者的思维能力构成了强大的挑战。许多领导者都在思考却没有思考关于思维的问题，似乎思维是一个习以为常的问题：一个领导者总不能没有思维吧。

实际上，一位领导者目前的思维非常可能是以往惯性和既定心智模式的反映，也就是说，他目前拥有的知识和心智模式很可能限制了他的思维。创新和变革之所以很难，原因也就在此。

因此，领导者跳出思维框框是创新的前提，而跳出思维的框框需要做逆向思维和变异思维，虽然没有既定的方法，下面的小故事会给我们很多启示。

美国有一间生产牙膏的公司，产品优良，包装精美，深受广大消费者的喜爱，每年营业额蒸蒸日上。记录显示，前10年每年的营业增长率为10%~20%，令董事会雀跃万分。不过，业绩进入第11年、第12年及第13年时，则开始停滞下来，每个月维持同样的数字。

董事会对这三年的业绩表现感到不满，便召开全国经理级高层会议，以商讨对策。

会议中，有名年轻经理站起来，对董事会说："我手中有张纸，纸里有个建议，若您要使用我的建议，必须另付我5万元。"

总裁听了很生气说："我每个月都支付你薪水，另有分红、奖励。现在叫你来开会讨论，你还要另外要求5万元，这是不是有点过分？"

"总裁先生，请别误会。若我的建议行不通，您可以将它丢弃，一分钱也不必付。"年轻的经理解释说。

"好！"总裁接过那张纸，读完后马上签了一张 5 万元支票给那年轻经理。

那张纸上只写了一句话：将现有的牙膏开口扩大 1 毫米。

总裁马上下令更换新的包装。

试想，每天早上，每个消费者多用 1 毫米的牙膏，那么每天牙膏的消费量将多出多少倍呢？这个决定使该公司第 14 年的营业额增加了 32%。

一个小小的改变，往往会引起意料不到的效果。当我们面对新知识、新事物或新创意时，千万别将脑袋密封，置之于后，应该将脑袋打开 1 毫米，接受新知识、新事物。也许一个新的创见，能让我们从中获得不少启示，从而改进业绩，改善生活。

还有一个小例子：

一家酒店经营得很好，人气旺盛、财源广进。酒店的老总准备开展另外一项业务，由于没有太多的精力管理这家酒店，打算在现有的三个部门经理中物色一位总经理。

老总问第一位部门经理："是先有鸡还是先有蛋？"

第一位部门经理不假思索地答道："先有鸡。"

老总接着问第二位部门经理："是先有鸡还是先有蛋？"

第二位部门经理胸有成竹地答道："先有蛋。"

这时，老总向最后一位部门经理说道："你来说说，是先有鸡还是先有蛋？"

第三位部门经理认真地答道："客人先点鸡，就先有鸡；客人先点蛋，就先有蛋。"

老总笑了。他决定将第三位部门经理升任为这家酒店的总经理。

就事论事，往往很容易局限在一个小的圈子里，这就是常说的"惯性思维"。如果，跳不出来，就找不到处理事情的正确方法；相反，当我们换个角度跳出原有惯性思维的框框时，我们就走上了一条新路，即"柳暗花明又一村"。

以上故事说明，人们并没有意识到，现有的知识与心智模式如何影响着对于新问题的思维。要创新、要进行变革，首先要从改善思维开始，这单靠努力工作是不行的，而是更加聪明地思考。我们都知道，人类左右脑的思维方式不同：左脑思维是一种聚合型思维，更注重逻辑，强调所有思维的活动都聚集或者集中于明确具体的回答；右脑思维偏重于发散，比较跳跃。我们每个人都在不同程度上学习和使用这两种思维方式。不过，在目前的许多组织和学校中也大量地使用聚合型思维，认为那些"左撇子"和"搞艺术的"才更需要发散思维。因此，这个社会也就没有积极地鼓励人们去开发平衡的双模式思维技能。

如果我们要应对变革的挑战，领导者就必须强化健康而全面的思维习惯，将偏重于单脑的思维转为全脑思维，充分利用潜在的更多智力资源，形成快速判断问题、解决问题的能力。

第六节　强有力的权威与充分的授权（素质六）

一、真正的授权需要强有力的领导

我在《本土化执行力模式》和《中国企业的执行力问题》两书中均强调了强有力的权威是正确授权的前提。实际上，经理都希望在领导工作中能够做到两点：一方面，他们希望激发出民主意识普遍增强的员工队伍的主动精神；另一方面，这些经理们又不希望在经营活动中仅仅依靠员工的主动精神，因为他们担心员工们会放任自流。

（一）发挥授权潜能

面对更多的知识型员工和更加复杂的商业环境，经理正在开始更多地依靠影响，而不是命令与控制。尽管他们也许不能在所有时候都能得到正确的答案（实际上，在目前这个纷繁复杂的世界中，谁也做不到这一点），他们却能够通过企业的愿景和战略使组织沿着正确的方向前进。他们的领导方式是基于相互的尊重，并通过有效的沟通得到加强。他们懂得在企业的所有层面明确决策权的重要性，注重培养企业在关键时刻的决断与专注能力，而这一切又必须建立在建设性争论以及由此产生的创造性基础之上。

这种新的授权实践广泛流传。美国硅图（Silicon Graphics）公司的高级副总裁肯·科尔曼（Ken Coleman）虽然并不大谈特谈授权，但他相信："人们有能力达到出乎我们意料的绩效水平。"科尔曼最爱讲一个英国酒店业主的故事。这位业主为了测试他手下的员工是否能够在任意时间记住超过 50 个人的姓名而进行了一项调查。通过调查，他发现，如果激励手段适当，这些雇员能够在规定时间内记住超过 200 个人的姓名。通过这件事，科尔曼总结道：几乎在任何事情上，经理们都可以毫不夸张地说："我的员工还能有更大的潜能。"

（二）授权不等于放任自流

大胆实践新的领导风格使新一代企业领导人以及他们的组织深深受益于这种授权的理念与计划。当速度与决断变得越来越重要时，合理授权看起来像是可望而不可及的奢侈品。但是，我们必须明白，授权并不是放任自流。只有当员工意识到他们得到组织的充分尊重，而不是把他们看做唯命是从的机器时，他们的积极性和主动性才能被激发出来，而这对企业的兴衰起着至关重要的作用。我们发现，只有当员工授权得到完全、有力的执行时，它才能使组织重新焕发出活力。

授权是工作流程的一个核心环节，但对它的含义人们并没有达成清晰的共识。根据我们的经验，那些最善于思考的经理人将授权包含的要点总结如下：

（1）提高决策水平与质量——为决策的权力营造一个清晰的架构，从而划清责任，提升决策质量、速度、灵活性以及职责界限，特别是要照顾到顾客的需要。

（2）克服复杂性——通过将复杂的问题分解以及总结，从而实现对当今商业环境中存在的巨大复杂性进行有效管理。

（3）保持灵活性——利用员工的灵活性以及智慧对持续的变化作出及时反应。

（4）创造工作热情——通过建设一支对工作高度负责、充满主动精神的员工队伍，并激励他们在实现组织目标的过程中克服一切不利因素，从而充分利用人类精神力量的全部潜能。

事实上，授权的悖论紧紧围绕着影响力的来源。为了使自己能够感觉到自己的影响力，员工必须能够在自己负责的领域内影响公司的决策，而这又反过来要求他们必须真正参与到经营中去。只有当领导者充分行使领导权时，即领导者不但促使，有时还要迫使员工们在关键决策中积极参与，才能使员工真正参与到企业的经营中来。

（三）授权与参与平衡的艺术

那些领导团队和管理员工的人们每天都需要小心处理这些平衡。在每一个月中，每一个管理者都要上百次地面临以下的决定：我要在多大程度上发挥领导作用，又要在多大程度上让员工参与，或者，正如一位经理所描述的那样："我每天都要为这个问题进行思想斗争，什么时候按下领导授权按钮，什么时候按下员工参与按钮。我知道在大多数时候我必须两个按钮一起按，但问题是什么时候按、各按多少。"

所有的经理和高级管理人员都不能回避这个问题。美国国家半导体公司的首席执行官吉尔·埃米利奥（Gill Amelia）曾经说过的话最近被频繁引用："授权就像是地狱。这并不是因为它没有用，而是因为源于不干预所带来的不确定性……我们都是行动导向的人……由于事事干预确实会导致组织的绩效不能实现最优，因而你必须学会强忍着不去干预下属的决定。知道什么时候应当干预，什么时候不应当干预是领导者需要掌握的全新的技巧。"

对此，观察陀螺仪给予了我们启示。将旋转的陀螺仪用两根拉弦悬挂在一个环形架上，你会发现陀螺仪能够在环形架底部保持任何高于或低于水平线的角度。它能够奇迹般地抗拒地球的引力。它内部产生的力量能够使它完成这一小小的奇迹。

陀螺仪的这种表现很像得到授权的雇员。通过赋予雇员新的责任以及相应的决策权，并使他们为适应新的角色做好充分准备，他们就会焕发出充沛的活力，在自己影响所及的范围内完成令人惊讶的高难度动作。当他们清楚自己的权利，并且确知自己完成三周空翻的壮举能够被赏识并会在适当的时候得到回报的话，他们就能够完成这样的壮举。这时，你会发现，过程不会再使员工们困惑，战略无须他人灌输，企业也会少走很多弯路。

二、有效授权的秘诀

身居领导者位置并不一定会自然产生正确授权给别人的能力。事实上，许多领导者常常是非常拙劣的授权者。他们虽然也分配工作，但对工作的情况、下属的情况却不完全了解。他们常常把工作分配给不适当的人去做，结果当然不会好。等到浪费了很多时间以后，他们便又卷起袖子亲自去做。这样一来，不仅浪费了时间和金钱，而且打击了下属的积极性。

领导者一个非常重要的职责就是要把工作授权给别人去做。怎样才能做到有效的授权呢。美国学者J.W.李、M.皮尔斯提出了有效授权系统的七个步骤。如果你能认真地遵守这些步骤，就能够提高自己的管理能力，改进部门的工作，提高企业的效率，把自己从具体事务中解放出来。

（一）确定需要授权他人去做的工作

从原则上讲，你可以把任何一件其他人能够处理的工作授权给别人去做。为了做到这一点，首先要对下属的能力有个了解。对工作和下属的评价是获得这种了解的途径。

认真考察要做的各种工作，确保自己理解这些工作都需要做些什么、有什么特殊问题或复杂程度如何，在你没有完全了解这些情况和工作的预期结果之前，不要轻易授权。

当你对工作有了清楚的了解以后，还要使你的下属也了解。要向处理这件工作的下属说明工作的性质和目标，要保证下属通过完成工作获得新的知识或经验。最后，把工作授权出去以后，还要确定自己对工作的控制程度。如果一旦把工作授权出去，自己又无法控制和了解工作的进展情况，那就要亲自处理这件工作，而不要再把它授权出去了。

（二）选定能够胜任工作的人

你要对下属进行尽可能完整的评价。你可以花几天时间让每个下属用书面形式写出他们对自己职责的评论。要求每位工作人员诚实、坦率地告诉你，他们喜欢做什么工作，还能做什么新工作，然后，你可以召开一个会议，让每个职员介绍自己的看法，并请其他人给予评论。要特别注意两个职员互相交叉的一些工作。

如果你发现有的职员对自己的工作了解很深，并且远远超出你原来的预料，这些人就有可能担负重要工作任务的才能和智慧。

了解员工完成工作的速度是另一个重要任务。一旦你掌握了每个工作人员对其工作了解的程度和完成工作的速度等情况，就可以估计出每个人能够处理什么样的工作，也就可以回到授权的分析上来，决定把工作授权给能达到目标要求的人。

只要认真根据职员对工作的了解、完成工作的速度、时间价值观念和对他的培养价值这几条原则办事，就可以选择出能够胜任你要授权的工作的人。

（三）确定授权的时间、条件和方法

大多数领导者往往在最不好的时间里委派工作。他们上午上班后的第一件事便是授权。这样做可能方便领导者，但却有损于职员的积极性。下属带着前一天计划好的想法来到办公室，一上班却又接到新工作。他们被迫改变原定的日程安排，工作的优选顺序也要调整。这样做的结果便是时间的浪费。

授权的最好时间是在下午。你要把授权作为一天里的最后一件事来做。这样，有利于下属为明天的工作作准备，为如何完成明天的工作做具体安排。还有一个好处就是，员工可以带着新任务回家睡觉，第二天一到办公室便集中精力处理工作。

面对面地授权是最好的一种授权方法，这样便于回答下属提出的问

题。获得及时的信息反馈、充分利用面部感情和动作等形式强调工作的重要性。只有对那些不重要的工作才可使用留言条的形式进行授权。

（四）制定一个确切的授权计划

有了确定的目标才能开始授权。谁负责这项工作，为什么选他做这项工作，完成这项工作要花多长时间，预期结果是什么，完成工作需要的材料在什么地方，下属怎样向你报告工作进展，授权之前，必须对这些问题有明确的答案。你还要把计划达到的目标写出来，给职员一份，自己留下一份备查。这样做可以使双方都了解工作的要求和特点，而且应该让这种授权计划指导有效授权的全过程。

（五）正式授权

在授权之前，需要把为什么选他完成某项工作的原因讲清楚，关键是要强调积极的一面。要向他指出，他的特殊才能是适合完成此项工作的，还必须强调你对他的信任。同时，还要让下属知道他对完成工作任务所负的重要责任，让他知道完成工作任务对他目前和今后在组织中的地位会有直接影响。

在解释工作的性质和目标时，要向下属讲出你所知道的一切。不要因为没有讲完所掌握的信息，而给下属设下工作的陷阱。给下属规定一个完成工作的期限，让他知道，除非在最坏的环境条件下才能推迟完成工作的期限。最后，你要肯定地表示自己对下属的信任和对工作的兴趣。类似"这是一件重要工作，我确信你能做好它"这样的话，可以对下属发挥很大的激励作用。总之，要记住，很好地授权工作，不仅能节约时间，还可以在职员中创造出一种畅快的工作气氛。

（六）检查下属的工作进展情况

确定一个评价授权出去的工作进展情况的计划是很有技巧的事。检查太勤会浪费时间；对授权出去的工作不闻不问，也会导致问题的出现。

对不同工作，检查计划也有所不同，这主要取决于工作的难易程度、职员的能力及完成工作需要时间的长短。评价工作进展的方法必须明确。要求下属向你报告工作是怎样做的，还有多少工作没有做完，让他告诉你工作中遇到的问题和他是怎样解决这些问题的。最后，你要用坚定的口气向下属指明必须完成工作的期限和达到要求的行动方案，促使下属继续努力工作。

（七）建立标准的检查和评价授权系统

当授权出去的工作完成以后，你要在适当的时候对自己的授权工作系统进行评价，以求改进。为了做好授权系统的评价工作，需要解决这样一些问题：工作是否按期完成，工作的目标是否达到，下属是否创造出了完成工作的新方法，他们是否从工作中学到了一些新东西或得到了某种益处，把这些问题作为评价授权系统工作情况的基础，邀请下属进行评论。实践证明，最准确的评价和最要害的批评往往来自下属。因为他们是任务的执行者，对评价授权系统要比领导者更有发言权。

评价过程中的一个重要方面是要实行奖励。怎样奖励一个工作做得好的助手，许多情况下，领导者"奖励"给下属的往往是更多更重要的工作。实际上，尊敬和赋予新的工作责任是对下属的奖励，但一味地加重工作负担则不在此列。即使你从内心里认为对下属的信赖是一种极大的奖赏和促进也不行，比较好的办法是，向他们透露点个人的事情，如你与上司的问题，或者你对其他有关工作的反对意见、批评和评论等。这类内部信息表明你对他的真正信任和尊敬，会鼓励他更有效地工作。

第七节　全神贯注与遗忘的素质（素质七）

"既往不恋，当时不杂，来者不迎。"曾国藩这句话的意思是，对于那些已经过去的事情，无须再去留恋；现在正在发生的事情，要清晰、有条理，不要弄成一团糟；那些将来要发生的事情，还没有到眼前，就不要着急去处理。这种状态是曾国藩总结其一生所得出的一种人生境界，是一种把事做好的境界。

宋朝对辽、金作战，讲究布阵，而阵图往往是事先拟好的，有些还直接出自中枢，将帅必须按阵布防，不得违背。至于阵图是不是适合疆场的地理人文状况，那就不知道了。这样一种作战方式，怎能不打败仗？而岳飞用兵却打破了宋朝的常规。他说："阵而后战，兵法之常，运用之妙，存乎一心。"战场情况千变万化，地理人文因村因乡因景而异，不从实际出发，不采取灵活机动的作战方式，必然处处被动，时时受制于敌。岳飞正是由于突破了按阵图布防和出击的常规，才能屡建战功。

"运用之妙，存乎一心"，这对于商场上的竞争和公司的经营管理同样是适用的。

对于企业领导者，面对商场上的各种竞争和变化，要想灵活应战，必须要"存乎一心"。领导者必须要全神贯注地去应对，一个决策往往会导致企业的存亡。因此，领导力不是取决于做了多少事情，而是取决于领导工作的品质。

领导者事务的复杂对集中精力去工作提出了更高的挑战。领导者要选择重要的事情投入全部精力来处理。同样，有些事情也需要遗忘、忽视，才有助于从繁杂的事务中理出头绪，才不会扰乱心思。

所以，全神贯注和遗忘都是提高领导力不可或缺的两个素质。

一、有所为，有所不为

全神贯注是一种非常可贵的状态，因为全力以赴和集中精力会使领导者更具个人魅力，增加成功几率，有助于领导力的提高。更重要的是，相当多的情况下，全神贯注是领导者一种必须具备的状态。

领导者首先要明确哪些才是值得全神贯注去投入精力的。虽然有很多事务要处理，但是作为领导者，要"有所为，有所不为"。

（一）专注力与遗忘

专注力必须借助紧张与放松交互的过程，才可能被有效激发出来，逐渐累积，就可以培养出相当的专注力。不管做什么事情，想要有好的成果，专注力是不可或缺的要素，这一点同样适用于商业。那么，要如何才能提高专注力呢？

最好的方法就是每天努力地生活，并努力从事目前的工作，然后，每天在竭尽全力工作之后，要完全忘记这些，彻底放松自己。因为专注力必须借助紧张与放松交互的过程，才可能被有效激发出来。但在提高聆听时的专注力方面，光努力地生活还是不够的，最好还能再配合其他训练，一是进行外语听力练习。学习听不习惯或难以理解的外语，可以锻炼我们聆听时的专注力。在聆听外语时，必然要有相当的注意力，如果没有，就无法记住。二是掌握电视、广播的新闻要旨。这就是利用每天看到、听到的电视、广播新闻，来锻炼自己专注力的方法。具体来说，就是在电视、广播新闻节目结束之后，要求自己尝试写下该新闻的要旨。进行这项训练时，寻找不长的电视、广播新闻会比较适当。三是记录会议内容。许多人在开会时，往往养成随便聆听的习惯，但这是很浪费时间和生命的行为。其实，可以在会议中做提高自己专注力的训练，即使内容很无聊，不管是谁说的话，都将结果、结论记录下来，这样可以将本来无聊的时间变成很有功用的时间。

只要持续学习，自然就可以锻炼并提高自己的专注力。

（二）时效观念提高领导力

古语说："往者不可谏，来者犹可追"，这是有道理的。时间可以毫无顾忌地被浪费，也可以被有效地利用。有效地利用时间便是一个效率问题。也可以说，效率就是单位时间的利用价值。

经理能否管理好时间，并不是完全取决于个人；反之，他所受到的客观环境制约将是十分显著的。这些客观原因大体包括组织原因、领导原因和环境原因。

组织原因包括：组织机构不健全，分工不明确，上下沟通不灵敏，内外信息传递不准确、不可靠，以致造成工作拖拉，互相扯皮。工作无规则、无计划、无预见，缺乏制度，责任不清，以致重复出现的错误甚多，无中生有的是非层出不穷。

领导原因包括：上级领导的时间意识不强，任意侵占各级领导的时间，造成会议多、报表多、指令多，千篇一律、千人一面的人格要求，只强调各级领导者要顺从，不注意下级的特长。

环境因素包括：没有集中时间干一两件重要的事情，突发性、冲击性的事件太多，以致每件事都受阻，终至一事无成。领导者的时间管理还有自身的原因，诸如顾此失彼、因小失大或预见不到一件事的行动后果，等等。

我们强调变革的领导力，要求领导者改善时效观念及其作用条件来提高领导力。这样，领导者才能真正"有所为，有所不为"，养成专注和遗忘的良性循环。

二、遗忘的美德：摒除杂念

越是忙碌越需要安静。领导者常常为忙碌的工作行程追赶，但当事情一件件解决后，会让自己有满足感。不过，在这个时候，一个优秀的领导者应该适度地给自己一个安静反省的时间，思考自己是否在不知不觉中将重点放在解决工作的量上，反而忽略了质的问题。

要避免工作中的低效率，达到全神贯注的状态，还要善于遗忘，摒除杂念。

遗忘是一种美德。遗忘掉不愉快的经历，要在工作中找到快乐。遗忘掉下属的小错误和小缺点，才能做到"严于律己，宽以待人"，才能激励下属做好工作。

（一）注重品质，才不会"工作中毒"

品质是最重要的。如果只是特别关心工作的数量，而不去在意工作的质量，那么只能做无用功。所谓"工作狂"有时也是指的这样的状态：一心工作到着魔的程度，一旦不工作就会感到焦躁不安，所以逐渐增加工作的量，直到达到不工作就活不下去的状态。但是，这样的工作往往还是低效率的。大家都会希望时间充裕一点，但事实上并非每一个人都可以如此。我们每人都有这样的情况：效率被忽视。

其实，想让工作的质量均衡是可以办得到的。如果你对自己提高工作质量有自信，自然就不会要求量一定要多。提升工作品质才是出发点，工作有品质的话，时间就会有充裕；时间充裕的话，工作品质就会更向上提升，呈现出良性循环。

领导要摒弃不重要的事情，忘记那些繁杂简单的事务，学会装糊涂，才能摒除杂念。

（二）学会装糊涂

如果一个领导者老是挑下属的毛病，就会极大地削弱他们的工作热情，甚至会使他们产生反感，这样就会影响他们的积极性、主动性、创造性以及在工作中的发挥，从而对企业发展产生不利的影响。所以，每一位领导者都应该努力做到"严于律己，宽以待人"。

如果管理者只会把工作硬塞给下属，而不给他们应有的权限，则一旦工作不能朝他们希望的方向发展的话，他们就会训斥下属，缺乏宽容。下属总觉得提心吊胆，不敢放开手干，因为怕犯错误，久而久之就会对工作失去热情。而胆怯的下属遇上这样的领导者就会畏缩不前，领导者不说让他干，他就不会在工作中主动去干，因为这样可以少犯错误。

要学会宽容，就要能够善于遗忘，忘掉下属的小缺点和小错误。下面是一个管理者讲述自己如何学会装糊涂，从而使生意更加成功的故事：

我在外派马来西亚之前，是全香港第一位通过英国精算师资格考试的本地香港人，因此在我还没抵达马来西亚的分公司时，就已经声名大噪。大家都在猜，我这个人一定是很聪明、很会算计的厉害角色。

没错，年纪轻轻刚当上主管的我，就是一副精明干练、锋芒外露的模样。在我被派驻到马来西亚当副总的那年，才29岁，成天与"数字"交往。

当时我对业务员有着先入为主的观念，认为他们就是一群很贪婪、不老实、会欺骗客户和占公司便宜的人，对他们的防卫心很重。只要有业务员来投诉，我一定是支持内勤人员。因此，我和业务员的关系一直处在非常对立的状态。

直到有一天，我一时兴起，想去瞧瞧业务员自行举办的研讨会究竟在做什么。当年的保险公司也不重视业务员的训练，更谈不上考试制度。业务员招募进来之后，就只教你一些业务相关的基本概念，弄懂了就可以披挂上阵。至于一些实务层面的，像怎样跟顾客接触、怎样销售，都是靠业务员自行培训。我想知道公司办的研讨会在讲授怎么学习保单、降低成本之外还讲什么，去了现场才让我大开眼界。整个大会场面温馨、气氛感人，业务员彼此打气，分享销售心得，台上台下不断地鼓掌并相互激励。

这次的研讨大会让我有了彻底改观，重新认知这个行业的使命，开始反思公司的一些政策是否合乎情理，并且试着改善和业务员之间的关系。

但这并不是一件容易的工作，因为原先对彼此的成见都太深了。但说也奇怪，当我真诚地打开心房，想和他们重修旧好，并开始动脑筋思考该怎么做时，终于找出了我们之间的症结所在。先前的业务员来跟我谈判的时候，对我防卫心特别重。即使难得碰上我肯让步，允诺他们的需求，他们也不会认为这是公司的嘉惠，反而认为是他们应得的。

当我发现这种微妙的人性心理后，我开始反省自己的态度。痛定思痛后，我收起了过去一副精明外露的嘴脸，试着尊重对方，将彼此放在同等的位置上，设身处地为对方设想。有时候甚至把自己放在较低的位置，让对方觉得他比我聪明，是对方在主导局面。你相信吗，几次谈判下来，我发现自己偶尔装装傻，一副糊里糊涂的样子，反而更容易将事情谈成。虽然说是"难得糊涂"，但别忘了，我总是个精算师，不管怎么装糊涂，亏多亏少我当然心知肚明。我这都是"已经先计算过了的糊涂"，不会让公司亏损，但是给对方的感觉就是不一样。说穿了，这就是人性，人都希望自己是被尊重的，每个人都希望自己看起来比别人聪明。

领导力的提高依赖于多种素质的养成，本章所阐述的是与变革领导力关系密切的七大素质。正是具备了这些素质，领导者才能引领变革的方向并确保变革的有效执行。

第六章 失败领导力的八个习惯

没有哪个企业家不希望打造百年老店，也没有哪个经理人不希望能英名永驻。然而，现实的情况是：能够长寿的企业少之又少，曾经一度引领辉煌的企业领导人败走麦城的案例倒是屡见不鲜。

前车之鉴，后事之师。研究企业失败的教训，避免重蹈覆辙，对于企业领导者来说是非常必要的。搞清楚了那些失败领导者常犯的错误，就可以在变革面前保持警醒，规避陷阱，从而更好地前进。

有意思的是，我们从对中外企业失败领导的案例分析中发现，领导者之所以一败涂地，不是因为他们不能胜任自己的工作，而是因为他们有一种特殊的"天赋"——将小疏忽变成大灾难。究其根源，则在于这些领导人有着各种各样导致失败的根深蒂固的习惯。作者在此将其归纳为八大习惯，并针对弊端提出解决建议，希望为领导者们所警示。这八大坏习惯是：

（1）视自我为环境主宰；

（2）将公司与个人混为一体；

（3）唯有自己才能正确决策；

（4）固执己见，铲除异己；

（5）过于重视公司表面形象；

（6）低估发展障碍的严重性；

（7）固守过时的成功经验；

（8）把别人当成自己。

第一节 视自我为环境主宰

成功的领导者都是顺时而变的，因为他们知道自己无法控制身边的环境，不管自己过去在事业上有多么成功，他们永远受制于千变万化的商业环境。由于无法让所有的事情都按照自己的意愿发生，他们必须不断想出一些新点子、新举措，以应对各种新出现的情况。不管公司经营得有多么成功，其整体战略设想、具体策略措施都必须随环境的变化不断重新调整和商讨。

有些领导者却看不到这一点，他们将自己视为周围环境的主宰，认为他们可以向周围的一切发号施令，甚至能够控制环境变化。他们认为自己的成功与公司的成功是因为他们的个人能力所致，似乎他们无所不能。那个夸海口"炸喜马拉雅山"的领导者是这类领导的代言人。作为企业的领导者，如果轻视社会和环境的影响，或者觉得消费者极易顺从，易受别人的影响，也就是当把别人看成是"阿斗"、"傻子"的时候，他们自己成为"傻子"的时候也就到了。

忽视客观环境制约的领导者之所以会导致企业失败，一是因为他们不注重研究顾客的需求偏好，而是根据自己的主观臆断来决定产品的生产开发，导致产品销售不出；二是他们忽视客观环境，不能根据环境变化而改变策略，导致产品被市场所淘汰。

一、应时而变的"策略"

一位优秀的指挥官知道，他只有去适应环境，而无法让环境适应自己制定的策略。同样的，领导者在经营企业时，也要注重对于环境的适应与把控，不能把自己当成环境的主宰，在制定企业战略以及与之相关的策略时，要考虑政治、经济、法律、民族特性、区域文化以及自然环境等因素，并根据环境的变化而改变具体策略。

海森非在其《市场模式的变化》一书中，曾把行销策略比拟为战争策略。他认为，弹性的策略比固定的策略更能提供较客观的方案。

我们可以从军事策略中引用两个概念来帮助经营者设定经营策略的弹性及其基本的核心组织。领导者应该随着情况的改变而调整策略，同时也要坚守核心"城堡"，不应该被任意更改。每个公司均应当尽量发挥自己的独特性和长处，树立自己的风格，巩固自己的地位。

二、引领变化而非盲目跟随

客观环境是不以人的意志为转移的，但在经营中单纯强调尊重客观环境也有着不利的一方面，那就是可能导致公司被动跟随趋势。一个优秀的领导者要善于顺势而为，做到引领而非追随环境，做决策之前充分调查、研究，掌握客观环境的变化趋势，从而做到"打有准备之仗"。

对于任何一个企业，市场研究都是获得市场状况变动情报的主要途径。当然，并不见得非要采用正式的研究形式不可，其他形式，例如观察或通过顾客、推销点、协力厂商等媒介获得回馈，都能帮助领导者迅速而准确地得到关于竞争情况、消费者偏好、政府限制等方面的情报。公司领导者应该主动研究环境并适应环境的改变，善于从市场中得到回馈，从而采取应变措施去适应日益加深的环境变迁。可惜的是，即使这些变迁是非常明显的，许多公司对此却依旧毫不理会。

一个组织需要反馈系统来决定其目标完成的效果如何，是否需要改进，该在什么时候改进以及改进到什么程度为止。如果没有反馈系统或绩效评估，那么情况就可能在不知不觉中恶化，甚至发展到无可救药的地步。

一家媒体文章讲述了一名业内资历显赫的前 IBM "南天王"、前微软中国公司总经理吴士宏，在"空降" TCL 之后，在这个企业的"温床"中，以一厢情愿的概念代替了踏踏实实的市场调研，最终败走麦城的经过。文章摘录如下：

吴士宏 1999 年 12 月 1 日"空降" TCL，受聘为 TCL 集团有限公司副总裁、TCL 信息产业有限公司总经理。吴士宏所肩负的使命是在 TCL 多元化经营的战略思路下，为 TCL 进入信息化产业进行布局、实施和融资。吴士宏在 TCL 的野心非常明确，不屑于只是做成一两个产品，提升其在国内市场的份额，而是希望高屋建瓴地把整个企业提升起来。

为了确定自己在 TCL 战略格局中的高度和位置，吴士宏提出，TCL 要从以产品为中心，以市场为导向，变成以最终用户单位——家庭为中心。这个战略的标新立异之处在于，吴士宏认为，不需要再单独分析各个产品的份额、市场空间、价位和技术走势，而是换一个角度，把偌大的世界里的一个个产品挑出来，再找到其作为家庭世界的中心地位。

在吴士宏看来，所有的 TCL 产品都有一个共享的资源，那就是 TCL 的品牌，但消费者对 TCL 的认识基本上都是在家电领域。所以各个产品都是以自我为中心，在该产品区间的市场里和最强的对手竞争，各自为政，相互没有联系，也就不能互相支持成更大的"势"；想联系起来就要凭信息、网络化和在终端家庭实现，吴士宏的战略就是要进行全方位的资源整合。

这听起来确实振奋人心，然而，它明显地暴露出吴士宏的两个弱点，即在跨国公司执行既定战略取得销售业绩的吴士宏没有深刻体会到市场调查对于一个企业和产品的极端重要性。另外，吴士宏对品牌的理解流于表面，她不懂品牌之道的真正内涵。这就决定了在采取具体措施时，吴士宏以一厢情愿的概念代替了踏踏实实的市场调研，并将 TCL 品牌视做没有边界的法宝，惯于"逆风飞扬"的吴士宏将不遗余力地去教育和改变市场及消费者。

正是在国内互联网盛极转衰之际，吴士宏提出了"天地人家"的概念，这个"天地人家，伙伴天下"的计划实际上是想以 TCL 的亿家家网站作为信息家电的平台，说白了就是既想制造一些所谓家电的进化产品——信息家电，又想依靠互联网的手段帮助 TCL 销售家电。然而，市场的实际情况是，消费者依然满足于传统家电，互联网还远未普及。不顾市场和消费者实际的吴士宏，为她一厢情愿的想象和概念付出了惨重代价。她的一位下属如此评价她，"网站几乎是白做了，产品号称花了 20 亿，可是这款不伦不类的所谓信息家电在中国的实用性极差，销售量可想而知"。

3年的时间，吴士宏领导下的业务一直处于亏损。吴士宏在2000年推出的TCL "天地人家"网站，及其后来与集团旗下的多媒体事业部合作推出的网络电视和"一键飞"，市场反应相当冷淡。2001年，吴士宏所领导的产业销售只占到整个集团的11%，利润更是负数。7月，TCL集团董事长李东生发布TCL集团战略部署时，宣称TCL集团在战略部署上仍是以彩电为核心，并对TCL移动电话予以肯定。随后吴士宏在信息产业集团主持的项目"天地人家"被撤，以吴士宏为标志的TCL信息家电的春秋大梦已然落幕。2002年12月1日，TCL信息产业有限公司总经理吴士宏在经过3年艰辛的探索后，于聘用协议届满后离去。

第二节 将公司与个人混为一体

这个习惯看起来似乎也是对公司有利的。毕竟，我们都希望公司领导者对公司投入自己的全部精力。但是，我们可以从导致企业失败的众多因素中得出启示：失败的高层管理者总是过分将自己与企业混为一体。

三星领导者李健熙仅仅因为个人对汽车的喜好，而决定进军汽车产业。结果，三星汽车投产一年便关门大吉，最后不得不廉价出售给雷诺汽车公司。

笔者曾经遇到一位小型民营企业家，他不仅让自己的太太出任财务总监，更重要的是将公司的账户变成了自己的私人银行，自己买房子从公司提款，儿子买车从公司提款，结果公司需要发展资金的时候，公司账上连10万元都没有了。

还有一位拥有近10亿元经营规模的民营企业家，他的公司是一家以制造业为主体的实业公司，由于自己爱好文艺事业他又成立了一家文化传播公司，主要进行影视剧投资和古玩投资。尽管连续亏损，但他兴趣不减，依然痴心投入，几年下来，不仅不见盈利曙光，而且还"吃"掉了公司主营业务的很多利润。

这样的例子实际上在我国中小企业中很是普遍。赵新先与三九集团就是国有企业中这种领导者的典型。

为什么领导者将公司与个人混为一体可能导致企业失败呢，主要原因是这种心理会让领导人利用公司为他们实现一些并不能够为企业带来利润的个人野心。将公司与个人混为一体的领导者虽然可能不会计较自己为公司付出了多少，但同时也会把企业的资源当成个人的资源使用。而且在决策时，领导者也会倾向于根据自己的爱好而非公司的利益来作出商业选择。

领导者之所以会犯这样的错误，是因为他们没有认清领导的权力和责任之间的关系。越是处于企业组织的高层，承担的责任就越大，因为权力地位也相应提高。然而，在失败之前，有些领导只看到自己拥有的权力之"实"和责任之"虚"，从而忽视了责任的力量和重要性。

一、领导应将责任摆在首位

在一个企业领导的权责观念中，责任应该居于主导地位，权力居于从属地位。当领导者在做决策时，或者只要处在工作状态，他就应该明确意识到自己在这个位置上肩负着多大的责任。一个整日把权力摆在首位的领导，只会考虑如何保住权力或最大程度地利用权力，从而把企业当成自己谋利的工具，最终给企业带来损失。

作为领导，每天工作之前要问一下自己：我的这个职位最主要的内涵是什么？

领导绝非一种摆设，也不仅仅是一个职位或工作头衔。领导既是科学，也是艺术。它是持续不断地接触、激发、表白、核查、扫除障碍、培训、预备、恢复、积极进取以及行动等。

泰坦尼克号的处女之航本来可以为史密斯（E.J.Smith）船长一生的航程画一个圆满的"句号"，他所做的就是要安全抵达纽约。但为什么他忽视了很多事实，不顾水手以及其他船只提供的多达七次的冰山警报。实际上，他本应清楚，船长的头衔不只意味着权力、自负或者骄傲，比这重要得多的，而且应该被史密斯船长牢记在心的，是这个职位意味着他必须对全船的乘客和船员的生命负责任，他必须对这艘船的安全抵达负责任。我认为，领导责无旁贷地要对组织的所有失败担当责任。当然，泰坦尼克号的沉没不仅在于船长一人的失误，设计者对于安全性的忽视也是导致灾难的重要原因。但是，通常在很多环节上都要预防的事情，最终不为人们所警惕，直到惨剧发生，这其中任何环节上的负责人都难辞其咎。

所以，一个优秀的领导者应该把责任视为首要因素，根据确保实现责任的要求来执行权力，这样的领导者通常是用"如履薄冰"的心态来经营管理着企业，这样的领导者方能兢兢业业地带领企业走向一个又一个的胜利。

二、超凡魅力的领导力来自何处

杰出的领导者或者说严格定义上的领导者，应该都是具有超凡魅力的领导者。学者们发现，这类领导者可以分为两类：一类社会化，一类倾向于个人化。

前者比较慎重地使用自己的权威，善于反省，有坚定的自信心，不倾向于使用各种阴谋手段。与此相对比的是后者非常注重培植自己的无上权威，对下属使用权威时没有丝毫顾忌。他们从来不反省，内心有很强的不安全感，缺乏自信心，非常喜欢使用各种阴谋诡计。他们的行为是为了满足自己的需求，与追随者之间的关系是一种依附与被依附的关系，强调无条件的服从，而不是独立的思考。心理分析学家认为，这种关系的心理基础对于追随者而言，是儿童时期对万能的父母的崇拜心理；对于领导者而言，则是一种自恋心理。

立志高远的企业领导者内心都往往有一种坚实笃定的博爱。这不是说要他们做毫不利己、专门利人的圣人，而是说他们有与人为善、和气为本的胸怀，善于与人建立各种合作关系。同时，他们的骨子里有自己的原则和底线，有所为，但也绝对有所不为。

李嘉诚最近在他资助的一家商学院的一个内部演讲，语言质朴平和，却句句说到点子上。

"现今世界经济严峻，成功没有魔法，也没有点金术，但人文精神永远是创意的源泉。企业领导必须具有国际视野，能全景思维，有长远的眼光，务实创新，掌握最新、最准确的资料，作出正确的决策，迅速行动，全力以赴。更重要的是，要建立个人和企业的良好信誉，这是在资产负债表中见不到但价值无限的资产。

领导的全心投入和热诚是企业最大的鼓动力，透过管理层与员工之间的互动沟通和对同事的尊重，才可以建立团队精神。人才难求，对具备创意、胆量和审慎态度的员工应该给予良好的报酬和光明的前途。"

第三节 唯有自己才能正确决策

迅速抓住事件重点，果断作出决策，这是领导者不可多得的能力，但并不是所有的公司领导者在所有决策情况下都能做到这一点。大多数情况下，领导者能够保证决策结果有效就已经是非常理想的了。毕竟，在经营中注重的是决策结果而非过程。

在今天这个商业环境千变万化的世界，没有人可以保证自己永远都是无所不知的。即使拥有非常完善的决策机制和情报研究系统，领导者仍然不能确保自己的决策能够完全正确，行事追求果断的领导者倾向于迅速解决问题，以至于可能丧失了考虑后果的机会，或者就不存在这样的机会。更糟糕的是，当一些领导者认为自己无所不知的时候，他们也就永远不会知道还有其他的解决方法。这些领导者通常对公司事务拥有决定性的发言权。最终，"无所不知"的高层管理者对谁也信不过，碰上稍微难一点的问题，他们就会认为自己才是组织里唯一可以作出最后决策的人。

认为只有自己才能正确决策通常是一些聪明的领导者会犯的错误。让我们来看看这些聪明人的决策误区。

一、聪明领导者的决策误区

过于自信就是自负。不少企业领导者将"不按常理出牌"作为自己的座右铭。史玉柱当年非要把"巨人大厦"由38层盖到70层，且在资金上以不求银行而骄傲，结果栽了个大跟头；顾雏军豪气万丈，相信自己可以控制一切，最后连自己的命运也控制不了；唐万新曾放出豪言：即使德隆出现资金问题，他们只要将手中的股票减价卖掉，就可以拯救公司，结果却是自己所始料不及的。

认为只有自己才正确的领导者，只会学习从自己已知的那个知识体系中直接延伸出来的东西，拒绝听取和接受其他人的意见和经验。这并不能表示一个人的能力很强，只能说明这个人有严重的性格缺陷。

所以，我们给予那些有这种习惯的领导者以下忠告：个人的力量在一项大事业面前是非常渺小的，只有联合别人的才智和力量，乐于听取别人的劝告和批评才能最终走向成功。

二、在容易犯错误的时代避免错误

领导者的主观决策是企业发展的支配因素，但是企业失败不可能没有客观因素的作用，在一个不太规范的市场环境中，当领导者刚愎自用、独断专行的时候，不仅不能广开视听，而且容易头脑发热，就更容易遭遇失败。

在当今这个时代，中国经济以罕见的高速度增长，在这个高速发展的社会里，中国企业家的机会最多，失败的几率也最大。

国外的领导者成功的较多，除了因为董事会的制约外，还在于他们处在一个具有完善的市场、规则成熟的商业社会中，在那里，违规的炒作是不可思议的。在一个规范的商业社会里，任何超乎常规的现象都会引起人们的关注和警惕。在这样一种宏观环境下，领导者当然可以避免很多决策失误。而中国企业家的决策失败也同样与他们所处的发展阶段密不可分。

近20年来，我国处于一个特殊的历史时期：长期处于短缺经济时期，市场空子很多；处于政策和法规不完善的时期，政策空子很多；处于一个新、旧体制转轨的时期，体制空子很多；处于一个投资者不成熟的时期，造势取胜的空子很多；处于一个消费者不成熟的时期，造名取胜甚至造假取胜的空子很多。

中国企业家正处在一个容易犯错误的客观环境，所以主观上要更加小心。为了避免独断决策的失误，以中国目前的市场环境成熟度而言，领导者在决策之前的信息和建议收集尤为重要。要改掉这个习惯，领导者最重要的是要致力于在企业内部建立信任与合作，集思广益。

合格的领导者还要有察纳雅言的胸襟。任何一个领导者，都要能听得进去来自诸多方面的意见、建议，不管是正面的还是反面的。部下、员工的意见要听，顾客的意见要听，批发商、经销商的意见要听，同行的意见也要听。只有如此，才能集思广益，才能有所进步。

第四节　固执己见，铲除异己

胸怀宏图大略的领导者大都认为，他们最主要的工作是向全公司灌输他们思想中的信念，让公司所有员工都为达到他们所设立的目标而奋斗。但是，这样做也会有过犹不及的情况发生。

有这样一些领导，如果有下属游离于自己制定的目标之外，他就会觉得自己的思想受到了侵害。在给出对方一段很短的宽限期后，他最终会给这些"执迷不悟"的下属两个选择：要么"照计划行事"，要么卷铺盖走人。

这种做法不仅完全没有必要，而且还对组织有害。作为企业高层领导，要在全公司贯彻执行自己所信奉和坚持的理想，但不需要让公司每一个员工都无条件地接受它，否则只会导致自己一味地排除所有不同的意见，让自己失去在问题初露端倪之时解决它的最好机会。那些导致企业遭受大灾难的高层管理者，就经常调动或者赶走那些有可能对他们采取批评或对立态度的人。通用汽车的罗杰·史密斯特别擅长于排挤与他意见相左的高层及董事会成员——有时是直接炒他们鱿鱼，不过常用的手段是把他们"贬"到一个遥远的地方去任职，让他们再也无法在总部发挥自己的影响力。

这种类型的领导者则非常注重培养自己的无上权威，对下属使用权威时没有丝毫顾忌。他们从来不反省，内心有很强的不安全感，缺乏自信心，非常喜欢使用各种阴谋诡计；他们的行为是为了满足自己的需求；他们独断专行，不鼓励平等的讨论，开展工作时完全无视现有的权力架构。

一、优秀企业的"毒瘤"

读者可能对这样的情形并不陌生：一家世界上最受尊敬的大公司在短时间内，突然陷入严重的财务危机之中；一个公司的总裁成为商业杂志的封面人物不久，这家公司陷入灾难性的并购或者其他惨败之中。

是什么地方出了问题？表面看起来，这些企业领导都是非常优秀的领导人才，过去也有成功的经验。但是，一旦公司走错了一步，他们就似乎不能再做对任何事情，而且常常压抑能够扭转局势的思维，让问题变得更糟，最终成为导致优秀企业问题爆发的"毒瘤"。

为什么这些领导者没有纠正他们的错误，反而让情况变得更糟。就是因为他们在应该变革决策的时候固执己见，而且排斥那些对公司有益的异己分子，最终使自己陷入错误的泥泞。下面的案例讲述了著名企业发展历程的小插曲：优秀的主管有时也会让一个好企业变得一团糟。

亨利·福特是福特汽车公司的创始人，实际上也是现代流水线生产模式的创始人，在美国汽车行业中垄断多年。但是，到了 20 世纪 20 年代中期的时候，通用汽车已经崛起，并逐步蚕食了福特汽车的市场，但是老福特对此根本不以为然，对销售人员的一再警告嗤之以鼻。有一次，力图寻求突破的一群工程师在福特访问欧洲的时候，私下里对传统的 T 型车进行了改进，等老福特回来后，工程师们试图给他一个惊喜。可是，老福特看着新车一言不发，默默地转了几圈，然后就一把揪掉了左车门、一脚踹掉了右车门，用锤子将挡风玻璃打碎，扬长而去。几个工程师含恨辞职而去。即使是福特最好的老朋友以及他的儿子所提的意见也是如此。

福特身边的人越来越少，不同意见越来越难以传入福特的耳朵，直到1946年老福特不得不让位于孙子亨利·福特二世时，福特汽车的亏损已经达到每月1000万美元，从此永远地失去了美国汽车公司龙头老大的位置。

无独有偶，苹果计算机公司的领导者乔布斯可以说是一位出色的技术领导人，但不是一名称职的经营管理人员。他过早地从大学退学，仅凭着一时的眼光和对计算机的了解，开创出一个大公司，但他在专业管理方面的知识是很不足的。在美国这个高度竞争的经济社会里，单凭对技术的精通是难以长期战胜竞争者的。

此外，乔布斯虽然精力过人，对新事物感觉敏锐，但他年轻，没有失败过，对自己过分自信，在公司中他总想要超越其他人，不容忍自己居于第二的地位。这一弱点使他常常作出违背"常识性"的商业决策。

因为IBM强大的竞争态势，乔布斯雇用了对计算机一窍不通但是谙熟管理之道的斯卡利。斯卡利经过市场分析，上台伊始就推行一系列改革，遭到乔布斯的极力反对和执意对抗。

乔布斯对斯卡利说："我是因为信任你，才聘请你来主持苹果公司。但是你不要因此以为你是一个无比高明的领袖，高明得连苹果公司的创始人乔布斯也要听从你的吩咐。乔布斯能创建苹果公司，而且把它带到今天这样一个规模，肯定也有这样的绝招。其他的事我不管，但我必须声明，我负责的麦金托什小组你不能插手。"

斯卡利遭到重重的一击。由于刚到公司，出于种种考虑，他对此没有任何争辩。此后，乔布斯和他的麦金托什小组成了公司里最自由的群体。

乔布斯和他的麦金托什小组打出口号，标榜"过程本身就是一种报酬"，为了寻找各种构想、零件及设计而不惜把公司洗劫一空。然而，与此同时，苹果电脑在市场上被IBM打得一塌糊涂，逐渐走向衰落。

二、智者千虑，必有一失

正所谓"智者千虑，必有一失；愚者千虑，必有一得"。不听取别人的意见或把自己的意见强加于人，是领导者决策的一大禁忌。因为立场不同、角度不同，对同一事物的看法也会有所不同。作为企业领导人，尤其是权力地位高的领导，在进行决策的时候，要注意听取不同意见，仔细分析不同意见，不可独断专行，搞"一言堂"或是个人崇拜。对下属提出的不同意见和建议要认真对待，正确采纳。不能因为这些意见和建议与自己的观点不一致，就一棍子打死或者对下属的逆耳之言耿耿于怀。只有这样，领导才能赢得同事及下属的拥护，进而保证决策的正确制定和顺利实施。

一个合格的领导者应该有开阔的心胸、开放的思想，应该允许存在不同看法，善于接纳不同意见。只有这样，领导者才能在公司上下形成个人的领导魅力，才能作出正确决策并保证决策实施到位。

事实上，一个对自己有信心的领导者，应该不会因为他人的不同意见而感到不安。别人不认同自己只能说明：你的决策的确存在问题或者别人有基于不同思路的考虑。

不认同你的人不一定就没有你可以学习的地方，可能异议者的意见更有创意，或者能够对你的看法提供补充，使之更臻完美。

如何改正这个恶习呢，领导者可以尝试从以下三个方面入手：

（1）谦虚。懂得谦虚对于那些固执己见的企业家来说很重要，明白自己哪些地方不足，需要别人的帮助，而不是一味自大。美国心理学家 H.卢维斯说：谦虚不是把自己想得很糟，而是完全不想自己。因为如果把自己想得太好，就很容易将别人看得很糟。

（2）承认错误。美国田纳西银行前总经理 L.特里提出特里法则：承认错误是一个人最大的力量源泉。改正错误是走向正确的第一步。

（3）有团队精神，看到别人，重视沟通。

对于固执己见这样的错误习惯，不是马上就能意识到并真正开始改正的。这也是为什么一个公司在雇用高层领导的时候把合作与相处能力作为一个重要的因素。因此，一旦你意识到自己或许有这样的习惯，就要立刻开始警告自己，改掉这个坏毛病，否则你很难成为一个优秀的领导者并创立期望的业绩。

第五节 过于重视公司形象

过于重视公司形象的领导者往往会成为那种不断在公众场合出现的高姿态领导者，像一个明星。他们会花大量的时间作公开演讲，接受记者采访，展示个人超凡的魅力。他们能够激起公众、员工，尤其是投资者对公司的信心。

问题是，在媒体光环的笼罩下，这些领导者所制定的管理举措却有沦为肤浅、无效之策的风险。他们把最好的精力投入到公共形象的打造上，而不是公司的运营上。更有甚者，某些领导者竟然将二者混为一谈。在这些领导者进行公共关系闪电战的过程中，他们经常会将公司的一些日常事务交给他人处理，事实上，这些事情往往正是他们本人的责任。

一、形象与造假

企业领导者的首要品质就是诚信，因为诚信也是做人的基本准则之一。如果企业领导者将树立并维护公司形象当做他们最首要的任务，他们就会倾向于鼓励财务人员制作有助于提升公司形象的财务报表。换句话说，他们把财务报表当做公共关系工具，而非控制工具。在诸如美国的安然、泰科，以及国内的中科系、亿安科技等，会计造假的形式各式各样。

安然依赖财务造假创造了"世界500强"的企业身份，甚至在2000年3月，《经济学家》还在一篇文章中赞扬说，通过改换能源业务中的所有规则，董事长肯尼思·莱已然把安然从一家"乏味的、油腻腻的、凡庸的石油天然气管道运营商"转换成一家迎风高扬的"新经济企业"了。然而，没有多久，臭名昭著的"安然事件"爆发，有关它的丑闻不断，甚至因此使安达信、花旗等一批大企业受到牵连，安然的形象由此不复存在。

国内的同类事情也并不逊色，从几年前的亿安科技等事件到顾雏军的科龙事件等，一再演绎着同样的"故事"。

所谓物极必反，具有讽刺意义的是，过分重视公司形象竟然会导致与维护形象的目的背道而驰的结果，最后竟然忘记了做企业最根本的实质。这样的事实令人震惊。

二、领导者的角色感

领导者不是公关大使，抛头露面要根据企业经营发展的需要，不能仅仅为了满足个人的虚荣心。有这样一位企业领导者，当企业因宏观调控政策而遇到了公司历史上最重要的危机、许多再建工程面临"卡壳"的时候，他仍然定期"潇洒"地出现在高尔夫球场上，每天都要定点练球，让管理层和员工感到不可思议，纷纷离去。因此，领导者需要平衡自己的管理职能。领导者的责任有很多，不管是企业的拥有者还是职业经理人，管理企业最核心的目的是实现盈利，实现企业的经济利益和社会利益。

公司的形象固然重要，但是维护公司形象不是领导者一个人出来做做慈善工作或者在媒体上露露脸、说两句大话就能够实现的。公司形象的最佳反映是公司的产品，这包括产品的质量、服务的质量、环保设施，甚至企业的 LOGO 等，公司形象是需要企业上下整体长久努力的。而且，任何一环出现问题，比如让过期产品流入市场，都可能给企业带来致命的危机。

另外，很重要的一点是，企业形象与领导个人的形象并不对等，领导者的个人形象好，公众不一定会认为他领导的企业就一定好；但是领导者的个人形象有问题，就会极大地影响到企业的形象。所以，领导者保持个人形象的积极面绝对是必要的，但是其前提是企业的其他因素都给公众一个健康的印象，从这个意义上说，领导者的形象只能起到锦上添花的作用。

所以，明智的领导者都把工作重心放在经营好企业上，而不是本末倒置地去追求形象，正所谓"好钢用在刀刃上"，可以用来告诫那些仍然没有醒悟的领导者，切勿徒劳无功，贻误了大事，最后事倍功半，以失败告终。

第六节　不要低估管理问题的严重性

管理是一门科学，更是一门艺术。用德鲁克的话说，"管理本身是一门完全实践的学问，任何书本知识都可能在实践中失去光环"。因此，企业领导者不仅需要宏观把控，更需要细致入微地考虑细节（作者在《本土化执行力模式》和《中国企业的执行问题》两本书中均有细致描述），统筹兼顾安排大局。"千里之堤，溃于蚁穴"，管理中的每个细节都要注意到，如果不够细心，很可能造成企业的"塌方"。

其实，商场的许多悲剧往往是因为疏忽大意造成的。一个管理者，在方法上细致、在态度上严格，才能够取得优秀业绩。否则，企业垮掉了，个人的前途也从此陷入泥潭，古今中外数不清的失败者的案例，无不证明了这一点。这就是为什么张瑞敏在面对记者时声称他在海尔成长的 20 年历史中一直处于"极限生存"状态。

一些领导者往往将企业在发展过程中遇到的问题当成是微不足道的小问题置之一旁，如员工的懈怠、企业内部人际关系、管理费用上升、核心员工流失等。而事实上，它们经常是企业问题的"管涌"。这类领导以为所有的问题都可以轻松化解，其实很多问题要么无法解决，要么就得付出巨大的代价才能解决。

被成功光环所笼罩的高层管理者特别容易低估这些问题的严重性。克劳斯比法则告诉我们：地位越高，正确的情报就越少。本来反馈给高层主管的信息就有限，如果领导者本人也不给企业的问题予以充分重视的话，很可能就会陷入失败的泥潭。

一、管理中的"蝴蝶效应"

"蝴蝶效应"是气象学家洛伦兹于 1963 年提出来的。其大意为：一只南美洲亚马孙河流域热带雨林中的蝴蝶，偶尔扇动几下翅膀，可能在两周后在美国得克萨斯引起一场龙卷风。其原因在于：蝴蝶翅膀的运动导致其身边的空气系统发生变化，并引起微弱气流的产生，而微弱气流的产生又会引起它四周空气或其他系统产生相应的变化，由此引起连锁反应，最终导致其他系统的极大变化。

此效应说明，事物发展的结果对初始条件具有极为敏感的依赖性，初始条件的极小偏差将会引起结果的极大差异。

"蝴蝶效应"在管理学界具有同样的含义：一个坏的微小的机制，如果不加以及时地引导、调节，会给整体带来非常大的危害；一个小的环节没能控制好，可能会引发巨大的失败。因此，作为管理者，如果低估企业发展中困难的严重性，而不采取任何解决措施，很可能给企业招致不堪设想的巨大损失。

前苏联切尔诺贝利核电站发生的事故尽管已经过去了 20 年，但是其直接的影响仍然存在。该事故的发生有很多原因，有直接领导者的固执己见、排斥异己，有决策机制的问题，也有关键设备的先天缺陷，但是控制棒本身的小小缺陷被有经验的领导者和工作人员所忽视应该是问题发生的肇源。

低估问题的难度在企业经营中绝对不是管理者乐观的表现，除非他有绝对稳妥的办法解决可能发生的严重问题。如果是因为没有预想到失败的严重程度而盲目乐观，那就绝对是管理者的错误。这与伟大的军事家毛泽东所说过的"战略上蔑视敌人，战术上重视敌人"有异曲同工之妙。

无论低估企业的竞争对手还是变革阻力，都会给决策带来很大的影响。而且，低估行为通常是由于领导者的自大心理造成的，对于经营过程中一帆风顺的企业领导者来说，要像日本管理之神松下幸之助那样始终保持自省的心态。

二、防微杜渐，事前控制

作为企业管理者，要善于见微知著，一叶知秋。正如美国管理学家H.豪利提出的豪利定律所讲的：每一个问题里，都有一个小问题竭力露面。任何大问题出现之前，总是有小苗头陆续出现，只要能发现苗头，就容易控制问题的发展势头。

作为企业管理者，还要善于防微杜渐，做好事前控制。美国加州大学个性评价和研究学院教授诺尔曼·H.麦克沃斯有个著名的麦克沃斯论断：发现问题比解决问题更为重要。因为能及时发现问题，解决问题的方法也易及时找到。

事后控制不如事中控制，事中控制不如事前控制，可惜大多数企业领导者均未能体会到这一点，等到错误的决策造成了重大的损失时才寻求弥补，有时是"亡羊补牢，为时已晚"。那么，领导者该如何提高防微杜渐的能力呢。

一是领导者要洞察表面所掩盖的实质问题。最大的危险和最大的机遇并存。1912年，泰坦尼克号航行的海面平坦如镜，但下面却隐藏着祸端。冰山的绝大部分在水面之下无法看到，却如钢齿一般在泰坦尼克号船体的铆钉处撕裂了长达300英尺。在下层的水手和末等舱的乘客首先看到了致命的伤害。

今亦如昔，正是最基层的员工知道一个企业的"事业之舟"发生了什么毛病，通常也正是他们有着最棒的主意和最有效的解决方案。

所以，作为企业的领导者，应该更多地关注一线职工，听听他们的想法、问题和方案，这样就能增强你预测问题的能力，防止"撞上冰山"。

二是领导者拓宽视野。好的"船长"要监视变化的趋势、变动的需求、"暴风骤雨"以及"冰山险川"。比如，SONY先于RCA（美国无线电公司）想到了随身听产品，占了先机；分众传媒意识到了楼宇广告的巨大空间，让许多大企业家大呼"可惜"。着眼于变革的领导者的高明之处就在于能够看到别人所看不到的。

第七节　固守过时的成功经验

很多最终走向失败的领导者都试图在公司中恢复一切他们认为可靠且久经考验的做法，不料加速了公司的衰败。为了在一个不可预知的世界中追求确定性，他们往往依赖不合时宜的历史经验。

作为美国自行车业的百年老店，SCHWINN 曾经是世界第一大自行车品牌。但是，当竞争对手开发新型自行车（如山地车），市场需求呈现出细分化时，SCHWINN 公司仍固守其传统产品。公司经理埃得·史温和他的管理团队坚持向一个不复存在的市场推出产品，破产的命运就在所难免了。

一、警惕"成功是失败之母"

人们常说失败是成功之母，这一至理名言激励我们不断前进。然而，对于固守过时的成功经验的人来说，成功也可以是失败之母。因为一些领导者在选择行动方法时，不会深入考虑众多待选方案，而是根据过去曾令他们取得成功的做法作出定夺。正是因为过去的成功，才导致了今天的失败。

老福特一世是"成功是失败之母"的典型。他 16 岁闯天下，依靠杰出的管理专家和机械专家，使福特公司成为世界上最大的汽车公司。但老福特面对成功后的荣誉忘乎所以，以为一切都是自己的功劳，不听别人的意见，在汽车需求已经多元化的情况下，他仍然坚持认为，美国人只需要价格低廉的 T 型车，结果，福特汽车永远地离开了汽车工业的老大位置。

在技术和市场发展的转折关头，往往有一批企业跟不上形势而严重滑坡。20 世纪 80 年代中期，北京的中关村迅速崛起，一批计算机企业异军突起，其中涌现了不少知名企业，而当时的联想仅仅是其中一个略有些名声的小企业。但是，有太多的企业领导者沉溺于"倒腾电脑"或者"一两项专利技术"的成功，在市场发生剧烈变化的情况下，不肯进行必要的转型，结果，今天的中关村有谁还能与联想进行竞争。

在自由竞争的市场中，企业要使产品从科研项目的总体构思到成为有竞争能力的商品，进而占领市场的过程是十分艰苦的。中国如此，国外也大体类似，美国90%的公司维持不了五年就不得不关门。即使在市场上站住了脚，要维持长期兴旺也是很难的。分析国内外几十年保持兴旺而没有垮台的企业，可以发现下述共同点：

（1）不断创新而不墨守成规；

（2）不满足已有成就，时刻充满危机感；

（3）培养一代代充满活力和新思想的年轻骨干，尤其是将才和帅才。

所以，作为企业领导者，尤其是有过辉煌成功历史的领导者，为了避免犯固守过时的成功经验的错误，应从以下方面着手训练：首先，保持一个持续创新的思维状态是非常重要的。其次，要具备危机意识。再次，培养具备潜力的接班人。

二、永远保持创新思维

危机意识与创新思维是分不开的。古人云：穷则变，变则通，通则久。在知识经济时代，面对不断变化的外部环境，一个企业只有在各项工作中不断创新，才会充满生机和活力，保持强劲的发展态势，在激烈竞争中处于不败之地。这样，作为决策者的领导者就应是组织创新活动的倡导者、组织者和推动者，应具有很强的创新能力。

知识与创新密切相关，知识是能力的基础，一个人没有某方面的知识，就不可能有这方面的能力。在知识经济社会，人类的知识朝着两个方向发展：一方面在不断地积累和增长，另一方面又急剧地更新和老化。知识经济社会是一个学习型社会。

企业领导者只有站在时代前列，拥有强大的学习力，掌握所需要的知识，才能跟上时代的步伐，不断进行观念创新和实践创新，否则，就会被不断变化的时代所淘汰。创新思维是一种敢为人先、不断进取、求新求异的心理状态和思想意识，它们是创新活动的前提。有了创新思维，才能主动研究新情况，解决新问题，开拓创新；才能及时把握和抓住机遇，审时度势，推动创新；才能自觉克服思维定式的消极影响，运用新思路去思考问题，推动企业不断成长。严格说来，创新思维是一种求异性思维，它不满足于常规的思维方式和方法，不乐于跟在别人后面亦步亦趋，而是在求异求新中发现新的思想火花，发现改变现状的契机和机遇；创新思维又是整合性思维，它运用新的思路和方法，对已有知识和经验进行新的组合、迁移和应用，从而创造出前所未有的新的成果（关于这部分的内容在拙著《推动企业创新的组织智商》一书中有详细描述）。

创新是对传统的否定。如果把传统视为绝对完善和神圣不可侵犯的东西，不敢越雷池半步，那就永远不会有创新。传统有两类：一类是合时宜的、有益的传统，另一类是不合时宜的、有害的传统。领导者既要乐于接受和继承有益的传统，也要敢于否定过时的传统。

创新必须有自我否定精神。要勇于否定自己过去的认识和经验，否则走不出自己设定的框框，因而很难继续创新。创新还要有勇于探索的精神。要创造新事物、新成果、新经济，达到新境界，就必须进行探索。而探索是要冒风险的，既可能成功，也可能失败。尤其是领导，创新不成功，不但会造成一定的损失，而且还有可能丢掉领导的地位。因此，要创新，就必须有敢闯、敢冒、敢为天下先、敢承担责任的精神和勇气。瞻前顾后、患得患失，是不会创新的。

法国科学家法伯做过一个有名的"毛毛虫实验"。他在一只花盆的边缘上摆放了一些毛毛虫，让它们首尾相接围成一个圈，与此同时，在离花盆周围6英寸远的地方布撒了一些它们最喜欢吃的松针。由于这些虫子天生有一种"跟随者"的习性，因此，它们一只跟着一只，绕着花盆边一圈一圈地行走。时间慢慢地过去，一分钟、一小时、一天……毛毛虫就这样固执地兜着圈子，后来，法伯把其中一个毛毛虫拿开，使其原来的环出现一个缺口，结果是在缺口处的第一个毛毛虫自动地离开花盆边缘，找到了自己最喜欢的松针。

"毛毛虫实验"告诉我们，在一个封闭的思维模式里，很容易形成盲从和跟随。在企业经营中，当我们面对难以解开的局面时，只有突破定式、打破常规，以超常思维来解决新问题，才能使企业不断获得新的突破。这对于企业经营的成败具有非凡意义，其功效在于出其不意，独辟蹊径，而这恰恰是现代企业家所应具备的思维品质。

凌志车上市后，丰田在美国宣传凌志时，将其图片和奔驰并列在一起，用大标题写道：用 36000 美元就可以买到价值 73000 美元的汽车，这在历史上还是第一次。经销商列出了潜在的顾客名单，并送给他们精美的礼盒，内装展现凌志汽车性能的录像带。录像带中有这样一段内容：一位工程师分别将一杯水放在奔驰和凌志的发动机盖上，当汽车发动时，奔驰车上的水晃动起来，而凌志车上的水却没有动，这说明凌志发动机行驶时更平稳。面对这一突如其来的挑战，奔驰公司不得不重新考虑定价策略。但出人意料的是，奔驰公司并没有采取跟随降价的办法，而是提高了自己的价格。对此，奔驰公司的解释只有一句话：奔驰是富裕家庭的车，和凌志不在同一档次。奔驰公司认为，如果降价，就等于承认自己定价过高，虽然一时可以争取到一定的市场份额，但失去了市场忠诚度，消费者会转向定价更低的公司；如果保持价格不变，其销售额也会不断下降。只有提高价格，增加更多的保证和服务，例如免费维修 6 年，才可以巩固奔驰原有的地位。就这样，奔驰公司不是跟随和盲从，而是以超常思维和手段，化被动为主动，摆脱了来自凌志的挑战。

在商业实践中，以超常思维改变定式，对于企业营销的成败具有非凡意义，其功效在于出其不意，独辟蹊径，而这恰恰是现代商人所应具备的思维品质。"第二次世界大战"胜利初期，联合国决定将总部设在纽约市，但一直苦于找不到交通便利的好地段。这时，大银行家约翰·洛克菲勒慷慨解囊，主动提出把曼哈顿岛上的一块土地捐赠给联合国总部。一时间，约翰·洛克菲勒的反常举动引来不少的议论，一块好端端的地皮为什么要白白送人呢。但是，随着联合国总部的建成，在其周围，富丽堂皇的外交家公寓、第一流的大旅馆、酒家、商场……一座座围绕着这个世界组织的中心大厦拔地而起。与此同时，曼哈顿岛上洛克菲勒财团的一大片原本颓败的地皮也成倍地涨价，变成了纽约最昂贵的街区。这时候，人们才恍然大悟洛克菲勒的"慷慨"，惊叹其与众不同的谋财手段和超常的"先见之明"。

艺术大师毕加索指出："创造之前必须先破坏。"破坏什么，传统观念和传统规则。面对瞬息万变的市场环境，只有敢于挑战规则，打破常规，才能有所作为，摆脱危机，使企业立于不败之地，获得无限商机。

第八节 把别人当成自己

一些企业家和经理人常常有这样一个习惯：将别人当成自己。也就是说，他们往往认为，别人都像自己一样负责任，别人都像自己一样拥有同样的经验和知识，结果发现，原来人们有很大的不同。

一、从李汉生失败的方正变法谈起

1999 年，身为跨国公司中国区负责人的李汉生成为方正集团北京方正电子公司的总裁，推荐他的人是后来成为方正控股公司董事会主席的张旋龙，而幕后支持他的，则是方正元老、号称"方正灵魂"的王选。

刚刚 40 岁的李汉生，得到如此的强势支持，没有理由不认为自己已经执掌了方正的实权，并将一肩担负起拯救方正电子的伟大使命——让 1998 年陷入巨亏的方正电子迅速"止血"，同时，在方正的核心业务丧失垄断性优势的情况下，为方正寻找到新的业务增长点。

从带十几个人的项目专员到领导 200 多人的副总裁，李汉生将惠普中国的营业额从 400 万美元做到 5 亿美元，公众将其称为惠普中国的金牌经理人。如此赫赫资历，使得李汉生对校办企业方正动起残酷的大手术来显得充满自信，异常地果断，毫不手软。

李汉生上任两个月内，方正 400 多人被裁减，原有的 10 多个副总裁全部被罢免，以此为李汉生改革让路，而由于成本压缩，项目被砍（方正迪成的整个系统集成业务被砍掉），导致业务的核心人员甚至大区总经理辞职，李汉生在方正内部被人指称为"屠夫"和"刀斧手"，方正内部的人事大动荡不可避免地到来。

与此同时，李汉生在方正的具体改革举措还包括：试图建立一套规范的流程和制度框架及相应的人力资源管理制度；提出方正的 E-Media 电子战略；与雅虎合作成立方正数码等。

看起来，李汉生在方正的"变法"建章建制，富有时代的精神。然而，2002 年 8 月随着王选的"荣退"，新的方正领导核心浮出水面，李汉生却从方正的权力核心出局，以李汉生为旗帜的变法由此落幕。

客观地说，职业经理人李汉生并没有为他将面临的挑战做好足够充分的准备。方正的问题绝非那么简单。这个中国最大的校办企业，因为一系列的原因，伴随着它的历史发展的，就是错综复杂的公司政治和激烈的人事斗争。在沉疾旧病一时无法根治的情况下，方正最迫切和最现实的需要就是迅速开发出具有核心竞争力的成熟的市场化技术，以此为突破点，寻找新的可持续盈利的业务增长点。

从表面看上，李汉生的改革进行得非常顺利。然而，无论是李汉生提出的 E-Media 策略，还是与雅虎合作而成的方正数码，都是概念大于实际盈利的手段。习惯按照程序办事的李汉生所进行的一系列改革，依然期望能够按照外企的套路对方正进行根本性的制度改造，然后在此基础上逐步实现盈利。然而，方正现实的情况却是，以排版系统为立身之本的方正，对技术的创新和产品创造力的要求非同一般，连年的亏损使得方正寻找新的业务增长点成为最迫切的使命。而李汉生为方正所开出来的 E-Media 战略，更像是对一个远还没有成长起来的市场画饼充饥。

李汉生在 2002 年年底的离职曾经成为媒体和企业界普遍关注的事件，甚至比他当初的任职更引人注目。如有关媒体所称：习惯于按照程序办事的李汉生期望能够按照外企的套路对方正进行根本性的制度改造。结果是可想而知的。实际上，更重要的是应该思考，在这样的企业，面对这个人群，需要什么样的管理方式和制度模式。

二、小心角色错位

一位战略专家曾经说过这样一段话：当一项战略失败之后，制定者会指责执行者，"要是你们这群笨蛋能理解我这完美的战略就好了"。但如果这群笨蛋足够聪明的话，他们也许会回答："你们既然这么聪明，为何不制定一种我们这群笨蛋能够胜任的优秀战略呢。"

实际上，这种例子在中国的企业很常见。某公司是由黄老板和其妻子在 1994 年创建的一个家电企业，创业之初，夫妻俩商定由黄老板任总经理，主持企业的决策与经营工作；其妻则担任公司的会计，负责财务事宜。在经过几年的艰苦创业之后，该公司的企业规模逐渐扩大，到 1998年，该公司在同行中已经成为佼佼者。然而，仍然担任会计工作的妻子，此时却按捺不住"寂寞"的心情，总是想方设法找机会插手公司的管理工作，尤其是在黄老板出差之后，她总要召集公司的各级管理人员谈话，甚至擅自调整公司的人事安排，使公司上下无所适从，企业的经营管理工作陷入一片乱糟糟的境地。

显然，老板娘把老板的位置当做自己的位置，导致公司上下无所适从，使得企业经营管理陷入混乱。把别人的位置当做自己的位置，其表现有多种，列举如下：

第一，角色下错。把下属的位置当自己的位置，比如基层管理者把自己当做业务员。不同层次的管理者应该只决策本层次的生产经营和工作中的问题，如果决定比自己低层次的问题，就是角色下错。

第二，角色上错，把上级的位置当自己的位置。比如上面提到的那位老板娘。

第三，角色横向错位，把其他同等级的管理者的位置当做自己的位置。比如本部门经理管其他部门的事情。

第四，其他角色错位。比如管理者把自己当做领导，当做官员。

把别人的位置当做自己的位置，主要表现为以下三个方面：一是不该执行的任务，越俎代庖。二是不该管的事情，插手管理。三是不该决定的问题，擅自决定。

把别人的位置当做自己的位置有很多危害，表现在以下几个方面：

（1）有害于工作的正常秩序，导致执行力下降。

（2）打击员工积极性，导致执行力下降。

（3）影响团结，危害执行力。

（4）有害于本职工作，导致执行力匮乏。

三、值得注意的位差效应

把别人的位置当成自己的位置必然会导致诸多不必要的麻烦，同样，以为别人的想法都同自己的一样，不做换位思考，则会影响到信息的沟通，进而使领导人不能作出正确的决策。而且，如果沟通中发生信息的扭曲，即使决策是对的，也难以有效地传递执行。

中国古代有个秀才买材的故事：

有一个秀才去买材，他对卖材的人说："荷薪者过来！"卖材的人听不懂"荷薪者"（担材的人）三个字，但是听得懂"过来"两个字，于是把材担到秀才前面。

秀才问他："其价如何？"卖材的人听不太懂这句话，但是听得懂"价"这个字，于是就告诉秀才价钱。

秀才接着说："外实而内潮，烟多而焰少，请损之。"（你的木材外表是干的，里头却是湿的，燃烧起来，会浓烟多而火焰小，请减些价钱吧。）卖材的人因为听不懂秀才的话，于是担着材就走了。

这个寓言给管理者的启示是，管理者平时最好用简单的语言、易懂的言辞来传达讯息，而且对于说话的对象、时机要有所掌握，有时过分的修饰反而达不到想要完成的目的。

美国加利福尼亚州立大学的研究表明：来自领导层的信息只有20%~25%被下级知道并正确理解，从下到上反馈的信息不超过10%，平行交流的效率则可达到90%以上。这被称为沟通的位差效应。位差效应不仅告诉人们，平等造就信任，信任增进交流，也说明管理中普遍存在着沟通问题。

沟通问题存在的根源是什么呢。事实上，正因为在企业管理中，这些领导把别人的理解力等同于自己的理解力，没有站在下属的角度考虑问题，导致了位差效应，出现了理解差异。

比如，一名管理者向下属传达一项任务，那么极有可能因为没有把问题交代清楚，或者由于知识背景、想法不同等原因导致下属理解方面出现偏差，最后的执行结果可能出乎管理者的预料。

在企业管理中，这种理解方面的差异往往会导致重大损失和失败。

德国戴姆勒—奔驰汽车公司与美国克莱斯勒汽车公司合并后，两年就遭受了严重的挫折。观察家认为有多种原因，其首要原因是由于德、美两国的文化背景和语言习惯有很大不同，人们的理解力不同。虽然公司规定的"官方语言"是英语，但是在德国总部还是德国人掌权，彼此之间对语言的深层含义有不同的理解。如果一个美国工人听到"你干得相当好"，就理解为是在夸奖他；而德国工人则不高兴，认为是在批评他。思想不能很好地沟通，自然就不能形成统一意志，实现组织的共同目标。

由于理解力方面的差异，总是给企业管理者在沟通上造成各种各样的障碍。管理上有一个著名的"双50%"，即管理者50%以上的时间用在了沟通上，如开会、谈判、指示、评估。可是，工作中50%以上的障碍都是在沟通中产生的。作为一个管理者，必须注意到人们理解力之间的差异，尽量避免沟通上造成的障碍。沟通是指可理解的信息或思想在两个或两个以上人群中的传递或交换的过程。沟通存在于企业管理的每个环节。有效的沟通能为组织提供工作的方向、了解内部成员的需要、了解管理效能高低等，是搞好企业科学管理，实现决策科学化、效能化的重要条件。因此，有效地进行沟通对管理具有重要意义。但在实际工作中，由于沟通双方理解力的差异，信息往往被丢失或曲解，使得信息不能被有效地传递，造成沟通的障碍。

犯位差效应错误的领导者因为不善于站在他人的角度考虑和处理问题，不能够跳出自己思维定位的窄小圈子，常常把他人当成自己来处理问题，所以，问题出在领导者个人思考问题的定位出现了偏差，从常人角度讲，这种偏差是理解力上的偏差。

理解力的偏差是由多种原因造成的：

一是主体对人对事的态度、观点和信念不同造成理解力的偏差。知觉选择的偏差是指人们有选择地接受。例如，人们在接受信息时，符合自己利益需要又与自己切身利益有关的内容很容易接受，而对自己不利或可能损害自己利益的则不容易接受。

二是个人的个性特征差异导致理解力的偏差。在组织内部的信息沟通中，领导者个人的性格、气质、态度、情绪、兴趣等差别，都可能导致理解方面的偏差。

三是由于主体语言表达能力、交流的限制造成主体理解方面的偏差。

由理解方面的差异造成的各种沟通障碍对执行力的损害是巨大的。企业的总目标层层分解为目标体系。如果管理者不能把本层分解后的目标正确地传达给下属，或者下属存在理解方面的偏差，那么很可能导致下属执行方面的偏差。由于信息传递失误导致的频繁的错误也会导致士气下降，最终将影响到执行力。为了减少由理解力差异对执行力所造成的影响，必须尽量克服沟通双方理解方面的差异。

除了沟通方面，领导者的决策思维过程也在很大程度上受到位差效应的影响。由于领导处理的多是企业战略等宏观上的问题，涉及的利益关系方比较多，需要考虑的因素也是纷繁复杂，领导者需要跳出自己的经验限制或者是情感限制，考虑全面，从整体出发来决策，结果就会科学、合理得多。

要改变这个缺点，领导者要时刻警惕把别人当成自己来看待，不断提醒自己站在他人的角度来思考问题。

第七章 变革领导力的六项修炼

变革领导力的打造需要有积累和修炼，需要丰富的实践和不断的修炼，其核心是以下六项修炼。

第一节 自我角色设计（第一项修炼）

美国教育与发展协会主席罗伊·威廉姆斯说：有自知之明是有效地领导和管理别人，赢得别人的信赖和尊重的先决条件。著名的成功学专家史蒂芬·科维也有同感："一个不能说服自己相信他能够做好所赋予的任务的人，不会有自信心。"确实，强烈的个人身份意识可以帮助个体实现目标，塑造未来。斯蒂芬·斯皮尔伯格（Steven Spielberg）一直视自己为电影导演，在得到这一头衔之前，他已经知道这一点。正是这一明确的意识，才促使他实现了自己的梦想。那些曾经历尽苦难的创业者们因为拥有远大梦想，才能成为今天的企业家。

一、自我设计

自我认识从自我设计开始，而这首先取决于你所坚持的信念。心态决定一切。你有什么样的心态，就会产生什么样的行为。立志成为领导者就要相信自己能够成功，并对此拥有强烈的信念。洛克菲勒曾经对一个朋友说："我希望有一天，当我长大成人了，我能拥有 10 万美元的资产。我肯定会做到的——总有那么一天的。"盖茨曾经对朋友说:"我要在 25 岁以前使我的身价达到 100 万美元。"临去哈佛就读时,他对另一个朋友说:"我要在 25 岁以前挣到第一个 100 万。"所有这些企业家都有雄心壮志,他们的行为都说明了一点:强烈的信念是成功的源头。

要成为领导者,一个人必须相信自己能够成功,并有勇气去做。当然,有成功也可能有失败,关键是只有自己去做,才可能知道自己是否成功。《马太福音书》中说:"你生活得很好,上帝会让你生活得更好",这就是我们所说的"马太效应"。每一次小的成功,都会使人在"高峰体验"中寻求更大的胜利,在这样不断的体验中,人的自信心也会不断扩张,更大的成功才会到来。因此,人们常说:"没有比成功更能导致成功。"如果一个人每做一件小事得到的结果都是失败,可想而知,他的自信心会在不断失败中逐渐丧失,而等待他的将是最大的失败。所以,不可小视小成功,这样才能获得更大的成功。

同样,由一个普通人到领导者,他所接触的范围和面临的问题就会增多,走向成功的机会就会比普通人多一些。机会就是自信心的契机,随着领导职务的不断提升,这种契机就会更多,自信心也会膨胀,也就越容易成就更重要的领导事业。

人们有时会形成一种错觉,认为伟大的领导者之所以成为伟大的领导者,是因为他们的专业技术造成的。实际上未必如此,韦尔奇是化工博士,却领导了世界上最大的多元化企业和电气制造企业;郭士纳是咨询顾问出身,却领导了世界最大的计算机制造公司的转型;柳传志是学雷达专业的,却成了中国最优秀的 IT 企业领袖;马云是外语出身,现在则是中国 IT 业最具名声的领袖人物之一。当然,还有很多民营企业家本身也没有很高的学历,甚至就是农民和普通工人,如万向的鲁冠球、横店的徐文荣、美林基业的刘远柄等。技能不是成为领袖的必然条件,真正不可或缺的是自信,只有它才是使人尝试不同行业领导职位的动因。

自信的第一要义就是让自己和别人都相信自己是"山中之虎",虽无加冕,却有王者风范。当然,在中国这块儒家文化浸淫已久的大地上,锋芒毕露常常会给自己的前途带来消极影响,但是,如果没有任何锋芒,也就永远成不了领导者。而且，我们所说的风范和自信不是那种狂妄自大、舍我其谁的霸气，而是"该出手时就出手"的王者意识。因此，要养成主动牵头的习惯，积极完成自己的工作，主动承担相关的责任，并且没有负担沉重的感觉，不是整天抱怨社会的不公平，不是那种不愿承担压力和责任而只愿意享受结果，或者仅仅为了报酬而工作的心态。

二、培育价值观

什么是价值观？价值观就是引导人们行为的准则。这不仅仅是一套原则体系，更不是束之高阁的法典和制度版本，而是直接告诉人们每天需要做些什么、该怎样去做、什么是正确的行为选择、什么是错误的行为选择。价值观每时每刻都在发挥着作用。一个人不可能没有价值观。同样是打算获得金钱，有的人力图通过抢劫达到目的，有的则通过自己辛勤的合法劳动获得成功，这就是价值观的作用。而领导者的价值观尤为重要，因为组织、团队的价值观在很大程度上与领袖的价值观直接相关。因此，领导者就是组织价值观的代表和布道者。韦尔奇如此，张瑞敏如此，柳传志如此，马云也是如此。即使像卡莉这样的"外人"在惠普短暂任期内的行为也是如此。

用韦尔奇的话说："我们的行为是由一个最根本的核心信仰所支配的。"

因此，领导者要有清晰的价值观，这种价值观是能够将企业引向成功的雷达，同时还要明确无误地不断传达和身体力行。韦尔奇不仅拥有明确的价值观，而且不遗余力地加以传播，以至于被部下说成"韦尔奇一张嘴，大家就想吐"，因为他们听得太多了；而柳传志在公司也得了"婆婆嘴"的绰号。如果领导者的价值观体系出了问题，后果不堪设想，如中央电视台在2006年"3·15"行动中报道的国内一家家具公司的"伪德国造事件"，不仅使企业遭受了国家工商总局的重罚，而且也因此丧失了在消费者心中的位置，同时也使得内部员工会对领导者的品质产生怀疑，从而对以后的经营管理活动留下了难以弥补的损失。

第二节 自我管理与自我控制（第二项修炼）

一、情绪的控制

领导者应该是一个自律性很强的人，能够合理地控制自己的冲动，能够控制情绪或适当地流露情绪，可以使人们有效地控制诸如恐惧、焦虑以及愤怒等负面状态，同时能很快从激烈、悲痛的状态中恢复过来。这种控制力不仅来源于性格本身，比如有的人是一个极其理性的人，更重要的是来自平时行动中的修炼，学会用积极的思考、换位思维、禅宗心态、基督教意识等控制自己生气、颓废、恼怒等负面情绪。只有控制了情绪，领导者才能坚持去做他认为正确的事情，才能在纷纭复杂的环境下保持冷静；只有在面对别人爆发脾气时能够平静应答、面对别人的挑衅行为时能够作出合理反应，才能始终关注既定的目标，才能在要求别人作出改变的时候，也有改变自身的勇气。

丹尼尔·戈尔曼在其代表作《情商》一书提出："我们都发现：如果有个人心烦意乱或者怒气冲冲地来参加会议，并且这种情绪没有很好地得到处理的话，就会迅速地传遍群体里的每个人。从正面来说，一个很有幽默感的人能够很快地让一屋子人都开怀大笑。"

我们常说：一个连自己都管不好的人，也管不好别人。

二、运用自我激励

通过对奥林匹克运动员、世界级的音乐家以及象棋大师的研究发现：他们的共同点是都具有激励自我去继续进行残酷的训练和计划的能力，也包括目标没有实现时对于奖励漠视的能力，这是成功的先决条件。实际上，这也是领导者成功的先决条件。他们不是仅仅被物质奖励所激励，而是被他们从事的事情本身所激励。

善于激励自己的人能创造出紧迫和刻不容缓的感觉来。他们知道哪些事是必须要做的，从而强迫自己立刻从现在开始。对于他们，不存在等待更合适的时间的可能性。他们不会被能做什么和不能做什么的想法所限制，他们完全集中在要做什么上面，他们会主动寻求更好的方法，积极投身于必须要做的事情中去，不会坐等天赐良机。

领导者的自我激励表现为一种一定要做成某事的热情、决心和愿望。《领导力》的作者库泽斯和波斯纳说："他们不惧怕行业里出现的新变化，或者是市场上的新需求所带来的挑战。他们致力于创造各种激动人心的可能性，以实现有意义的变化和不同"，他们都有一种主动担当责任的热切愿望和敢为人先的勇气。只有能够自我激励的人，才能在遇到失利的情况时不怨天尤人，从自己身上寻找原因；只有能够自我激励的人，才能在没有获得奖赏时知道如何继续前进，而不是影响自己前进的情绪。

三、时间管理与压力管理

压力既非积极也非消极，简单地讲就是压迫一个人或一个物体。压力作用的价值是由人的反应和弹性所确定的。人类的观察、认识、直觉以及学习等技能使人们具有抵制、适应甚至是享受压力的潜能。压力既是刺激人们前进的动力，也是迫使人们不能懈怠的驱动力。

有效把控时间常常是管理者压力的最大来源，这主要是因为工作太多而时间太少或者相反所造成的。能做到"要事第一"是领导者的重要修炼，也就是区分一些重要的任务。一些事只有你能解决，还有一些事可以授权或留给他人去做，这意味着把一些不需要思考的琐事结合起来，但对于重要的任务每次则只做一项（拙著《中国企业的执行问题》对此有详尽描述）。

领导者必须不断陈述的关键问题是：

（1）这项任务是必须的，紧急的，还是重大的。

（2）这项任务必须由我来亲自做吗。

（3）如果是这样，我要什么时候去做，要求的标准是什么呢。

（4）如果不是，我委派给谁去做呢。

（5）他们将什么时候去做，标准是什么呢。

在《80/20法则》一书中，理查德·科克根据帕累托原理提出了时间与压力管理的五条定律：

第一，在20个决定中，大约只有一个是重要的。因此，不要浪费时间分析和担心那些不重要的。如果可能，委派给他人。

第二，由于形势的变化，许多决定难以完全找到可靠的依据，不要再花时间收集和比较信息，学会多利用自己的直觉和洞察力。

第三，当作重要决定时，在前20%的可用时间内，完成80%的所需资料的收集和80%的分析工作。这可以使你在任何情况下，都会有绝对的把握来作决定。

第四，如果你所做的没有成效，尽早地改变你的想法和行为，要乐于试验。

第五，当有些事已经成功时，当20%的确对你有用时，不要犹豫，立即把它转化成你的优势。

第三节 深度沟通技能（第三项修炼）

领导者要注重沟通，特别是处于变革时期的领导者，更要把沟通作为必要的途径，包括内部沟通和外部沟通。想方设法地向企业员工宣传公司新的策略，并带动公司其他领导人的观念更新甚至全体员工的观念更新，这样你所收集到的信息以及变革意图才会在企业内部充分流通并利用起来。

一、深度沟通的意义

沟通的目的并非只是为了传递信息，还是为了使传达的信息得到理解，之后再去理解对方反馈的信息。用通俗的话说：这种沟通不在于你说了什么，而在于对方如何反应。可见，沟通是个双向过程，是个典型的关系循环。深度沟通则是围绕目标而进行的改变部属行为的沟通，而这种沟通是领导行为能够获得绩效的关键。管理学中有个著名的双50%的说法，即管理者50%以上的时间都用于沟通，而工作中50%以上的障碍又是在沟通中产生的。著名管理学家明茨伯格在《管理者的工作：传说与事实》一文中引用了这样的数据：

"英国的两项调查表明，管理者工作时间的66%~80%都花在了口头交流上。我对美国5位CEO的研究表明，这一比例是78%。"

看来，深度沟通已经成为领导者的必备能力，尤其是在日趋复杂的市场竞争形势下和知识型员工不断增加的环境下，深度沟通是领导者与部属建立关系、赢取信任并激发活力和智慧的必须方法。

二、掌握深度沟通的原则

深度沟通的基本原则如下：

（1）围绕着清晰目标的沟通最为重要。深度沟通不是漫无目的的闲聊和谈话，而是紧紧围绕要实现的目标进行，领导者利用各种方式将目标清晰、明确地告诉员工并让员工理解，产生共鸣。

（2）学会倾听。不要先入为主，在交谈互动的过程中，不要先把自己的想法强加于他人，而是先将自己的想法搁置在心中，用心倾听对方的想法和建议，这样效果会更好。263网络集团总裁黄明生惯常的做法是：当他和下属商量一件事时，如果本来他已经有了决定，但他并不说出来，而是在讨论中，当下属一步一步提出了和他心中的想法一致的意见时，黄明生才会说："好，就按你说的办。"这种做法不仅激发了部属的主动性和成就感，而且效果非常好。

（3）正确提问。学会问问题是深度沟通的关键方法之一。作为领导者，不能仅仅靠听或者靠说，更需要在关键时候提问，通过提问把握问题的关键，了解对方的深层想法，帮助部属找到合适的解决方法。

（4）正向引导。不管是好的建议还是听起来很糟的想法，都要注意采取正向激励的引导，促进员工的正面行动。惠普创始人之一的比尔·休利特处理此类问题时常用一种被部属称为"戴帽子"的方法。一位富有创意的经理人满怀热情地提出一种建议，比尔马上给他戴一顶"赞赏"的帽子，他先是认真倾听，在适当的地方表示惊讶，其间问一些不是很尖锐的问题。几天后，他会把对方叫来，戴的是"询问"的帽子。这回可是提出了一些非常尖锐的问题，对他的思路进行彻底的探讨，问得极为仔细。如果你是随便说说，以后就会被问得体无完肤；如果你是认真的，这一次就要全面检验你的思路。如果你对答如流或者进一步阐明了你的意见，比尔就戴上"决定"的帽子，再次会见这位认真提意见的人，在严格的逻辑推理和系统思考下作出判断。即便是比尔最后否定了对方的建议，这个过程也会给提意见者留下深刻印象。

建立沟通的制度和文化。作为一个领导者，除了发展自己的沟通能力和技巧外，还要制定促进沟通的制度，培育推动沟通的文化氛围。这是确保深度沟通持续进行的基本保证，而不能仅仅靠领导者的心血来潮。

三、关注冲突管理

有人的地方就会有冲突。管理中的冲突是不可避免的，关键是要分清冲突的类别和性质。冲突从本质上可以分为两类：一是建设性冲突，即为了如何实现共同的目标而发生的非原则性冲突；二是破坏性冲突。这种冲突是就共同目标不能达成共识而发生的原则性冲突，不考虑可能产生的负面后果。冲突一般总是由以下几个方面造成的：

（1）缺乏充分的信息交流；

（2）管理与执行角色的不协调；

（3）心智模式的差异；

（4）对于不充裕资源的竞争；

（5）内部分工导致；

（6）价值观的差异；

（7）组织架构的不合理。

对此，作者在《本土化执行力模式》一书中有详尽论述。领导者对此要有充分的思想准备，掌握冲突管理的技巧将有助于避免或最小化冲突，遏制破坏性冲突，解决建设性冲突，将建设性冲突转化为良性的竞争。对此，领导者对以下原则值得注意：

（1）与管理公司人员建立良好的协作关系；

（2）建立对问题、解决方法、成功和远见的责任感；

（3）增强沟通能力并增加沟通渠道；

（4）注意组织手段而不是仅仅利用个人威信解决冲突；

（5）抓住冲突中展现出来的关键问题，进行研究并注意解决。

冲突是必然的，关键在于对待冲突的态度和解决冲突的技巧与方式。

第四节　强化学习能力（第四项修炼）

企业领导人要不断创新观念，跟上时代的步伐，尤其是在今天的经营环境变化越来越快、竞争越来越激烈的形势下更要如此。而要做到这点，首先就要不断学习，补充自己的知识，完善其知识结构，才能在众多的内外信息中梳理出重要的部分，找到变革的方向，以便决策；要具备危机处理能力，以便掌握企业的发展方向。美国的一位管理顾问威克说：

"对美国各地的企业而言，学习力正逐渐成为一个重要的招募条件，每一位追求成功的经理人都必须对此关注并投入。只有工作与学习环环相扣，才能造就经理人和企业的成功。"

据说，张瑞敏出差时行李箱中总是塞满了各类的书籍和杂志。学习力已经成为检验领导力的一个关键指标。学习能力的修炼也因此成为领导者的必修课。

一、何谓学习

这似乎是个人人皆知的话题，但实际上，学习需要设计。有人说：读书就是学习，但是许多人读了万卷书，也不能有所成就；有人说，实践中才能学习，但是许多人拥有丰富的实践经验，却不能在自己的实践领域有所成就。杨国安教授在《学习力》一书中给读者提供了这样一个案例，值得阅读，现摘录如下：

一个学习者的故事

达夫·尤里奇上大学时，曾在英国文学课上学过荷马史诗《奥德赛》。作为一名勤奋的好学生，他特地买了这本书，认真地一页一页苦读，并记下故事主角的名字。他能随时引述史诗中的任何一个章节，甚至连故事中的哲学问题都分析得头头是道。他的努力得到了回报，这门课他得了 A。

雷德是尤里奇的同班同学，拥有学者气质的雷德对这本书也痴迷不已，其所作的研究也远远超过本班别的同学。为了感受作者在遣词造句方面的匠心，他阅读了希腊文的原版著作；为了深入了解故事中整个旅程的背景，他研读了人们崇拜的神明；为了领会作者的思想，他也博览了很多同期作品……他的这门课也得了 A。

从表面上看，雷德与尤里奇很相像，他们都很用功，也都取得了好成绩，但实际上他们极为不同。尤里奇只完成了学生该完成的任务，只求通过考试；而雷德则着重学习，并且深深受到这部史诗的故事情节和语言的吸引。15 年后，尤里奇只记得自己曾读过这本书，而且得过好成绩。但雷德则能巨细靡遗地讲述这个故事……这本书对尤里奇的影响在下门课开始时就消散了，但对雷德的影响却是一辈子。现在，他是拉丁文学与希腊文学教授。学生阅读表面字义，学者研读字里行间深远的含义。

尤里奇和雷德谁更像学习者？这不言而喻。

二、如何培育学习技能

如何培养学习技能？著名的学习专家考伯博士认为，学习包含四个互相联系的活动，每一个都可以作为循环的开始。它们是：

（1）观察：观察他人如何执行任务可以提高自己评价成绩的标准。善于观察成为学习的第一个重要步骤，不是看到了就观察到了，熟视无睹是学习的最大障碍。

（2）思考：观察到了不一定能够成为你的知识，只有深入思考和争论问题才可以带来新主意和新理论。

（3）实践：乐于做实验，尝试新方法和进行实践是进入学习过程的最明显表现。通过实践，可以检验我们的理论和技能水平。

（4）感觉：学习也需要创造一个能促进我们进步的情感状态，它可能是激励因素，也可能是阻碍物。

专家的研究表明，人类的学习潜能似乎是无限的，关键是用什么样的心态对待学习或用什么样的方法进行学习。

衡量学习的最终标准是人们在实践中能力的增强。管理者和组织都有责任去鼓励学习，但是学习最终还是个人的事情，没有人能够代替其进行学习。

学习需要有梦想，如果学习没有梦想的激励，就会变成负担，而不是发展。不激励学习的梦想只能导致糊里糊涂地过日子。一条基本法则是：终生学习是实践梦想的艺术。

第五节　培育影响力（第五项修炼）

要想让部属"跟我来"，领导者就必须拥有善用他人的"内功"，使别人感受到他的重要性。对自己与部属负责，你才能激发别人的追随动机。

一、责任感是影响力的核心来源

一个人拥有追随领导者的激情不是凭空产生的，这是领导者首先需要认识到的。当然，优厚的待遇和物质刺激是基本的动力，但是，物质刺激也只能是一个基本的动力，因为你在公司的薪水永远无法成为最高的，永远都会有人比你得到的薪水高。英国一家机构在前几年的一项调查表明，员工怀有高昂热情追随领导者前进的动机按照他们认为的重要性大小依次排列如下：

（1）受领导重视

（2）工作兴趣高

（3）工作成绩能及时得以认可

（4）有利于学到一技之长

（5）员工的意见受重视、被采用

（6）有独创机会、展示自己价值的空间

（7）领导有方

（8）具有竞争和挑战性

（9）上下相通

（10）能够稳定工作

（11）报酬优厚

（12）福利优厚

对照以上调查结果，您的感想如何。让员工感到他们受到尊重，了解到自己在组织中的价值，是激发其热情的主要动力之一。战国时代，吴起为受伤士兵口吸伤口的淤血让士兵们热血沸腾，奋勇冲锋；拿破仑在每次重大战役前视察他的军队时，都与士兵谈笑风生，显示出必胜信心，并拍拍士兵的肩膀以示鼓励，让每一位将士都感受到他的关注；韦尔奇则通过不断地到世界各地的 GE 公司接触各层级管理者和员工，让他们感受到最高领导者的关注。

要想当一个好的领导者，就应该时刻对自己、对部属负责任。一旦任务、目标确定，领导者就要承担起全部的责任来。不管这个任务和目标是谁规定的，一旦进入实施阶段，就要对目标的实现、对自己的任务、对完成这个任务的部属承担责任。也许你是一位拥有数万名员工的大公司总裁，也许你是一位手下只有几个人的组长，但都应该有责任感。如果你认为不需要什么责任感，那么，部属的责任感又从哪里来呢，他们还会努力去完成任务吗。

领导者最强大的影响力不是来自手中的权力，而是让人感受到的强烈责任感、对目标渴求成功的情绪以及对于部属成功的关注！

二、授权与委派

影响力的另一个重要来源就是授权。授权就是给某人做事的能力或权力。这个词是管理学中以及相关书籍中阐述最多的一种领导艺术。从某种意义上讲，领导就是授权的过程。委派是授权过程的一个重要部分。有效的委派能使管理者集中精力做只有自己才有能力做的事，同时也能增强被委派人的自尊感和职业能力。成为一个有效的委派者需要许多个人品质和人际关系技能。

信任是委派的重要因素，但是，其他一些同样重要的因素也必须考虑：

一是获得预期结果。要让受委派者清楚知道执行目标所要求的标准。一般来说，要求标准越高，被委派人的能力就必须越强。所委派的工作必须是一个有意义的、激励性的挑战。

二是考虑被委派人的实际能力。被委派人的能力必须符合任务的要求。委派时要考虑该员工的人品、经验、应变能力和学习能力。

三是选择合适的控制方式。控制的形式可以是常规的，也可以是特殊的；可以是事前的，也可以是事后的。后者会给下属很大的自行处理权，也就是说，通过比较下属的成绩与要求到达的结果来监督和管理他们。

第六节　成为优秀教练（第六项修炼）

笔者在讲课、咨询以及著作中一直强调管理者的教练角色扮演。这种角色要求意味着要从以往那种将时间完全花费在具体管理事务、调节人际关系的管理行为转变为对员工进行业务指导的基础上，注重对员工行为与意识的指导，帮助员工找出现状与目标要求之间的差距，分析差距出现的原因，并针对这些原因制订相应的针对性改进计划，实现公司的战略目标。

一、教练的职责

具体而言，教练的职责可以简单概括为以下四个方面：

职责 1：辅导

帮助部属如何树立合乎公司目标和价值观的行为规范，帮助他们获得知识技能。辅导的目标是使员工产生不断学习的信念，教练通过辅导不断鼓励他们学习和发展，鼓励他们将所学的知识运用于日常的工作实践中。

职责 2：指导

指导是一种教练行为，可以帮助员工解决各种业务问题，并进行职业生涯设计。这样可使员工加深对业务、运营管理和职业生涯的理解。指导并帮助员工分析他们的兴趣和能力，帮助他们进行职业选择，明确未来的职业道路，探索实现职业目标的各种可行方案，并从中作出最佳选择。

职责 3：树立目标

目标与绩效连接最紧密。作为一名管理者，你对下属的绩效目标负有不可推卸的责任。为了达到这一目的，你首先需要明确绩效目标，一旦目标确定下来，你再将目标传达给下属，并且将实际的团队成员绩效与这些目标相比较，解决那些不能达到绩效目标的问题。通过挑战，成功的教练能够帮助那些绩效较差的员工取得高绩效，并且给那些高绩效的员工提供新的挑战，使他们向更高的层次发展。

职责 4：改进建议

改进建议是教练帮助员工加深对目标执行过程中出现的问题的认识和理解，以此引导员工独立思考解决问题的途径与方法，是协助员工解决问题，而不是代替员工解决问题。建议的目的是通过引导来逐步提升员工解决实际问题的能力。

组织的教练通过履行以上四项基本职责，可以达到如下目的：

（1）明确员工或团队的目标，协助订立业务发展策略，提高管理效益。

（2）协助并支持员工制订出实际行动步骤，创造卓越的业绩。帮助所有人洞悉和掌握自己的心态，以最佳状态去创造成果；了解不同的团队、沟通及管理模式如何影响绩效。

（3）将合适的人才放在合适的位置上，充分发挥人力资源管理的杠杆作用。

（4）提升创意及持续创新。

（5）吸纳优秀人才，减少职员流失。

二、教练的技能要求

教练应具备的技能除了具有激励他人、比较强的沟通能力等领导力外，还需要有两项特殊的能力：

第一，传授能力。传授能力指的是教练将做好一份工作所需的各种专业知识、技巧及方法通过有系统的整合，规划成一套有成效的训练模式，然后通过各种管理制度的配合及执行成效评估，毫无保留地传授给被训练者，使他们具备做好分内工作的能力。

第二，业绩辅导能力。业绩辅导是以员工为核心的管理。业绩辅导需要教练通过建立与员工之间的良好关系以及鼓励面对面的交流，参与到员工的绩效改进过程中。教练在绩效辅导过程中所扮演的是一个动态角色，这要求内部教练不停地转换角色，从而积极地参与到员工的工作中来。业绩辅导技能更多地依靠沟通技能。

（1）培训。这种角色要求教练扮演教师的角色，因为管理者最终对员工的业绩负责，所以，管理者应该就最终会对员工的工作业绩产生影响的关键问题与员工进行深入探讨，并对员工进行相应的技能训练，帮助他们提升绩效。

（2）职业生涯指导。作为职业生涯教练，管理者有责任帮助员工经常评估他们的职业选择，帮助员工考虑各种替代方案。管理者还需要让组织充分了解员工的职业发展观，以便使组织作出相应的计划安排，确保员工职业生涯规划的有效性。

（3）良师益友。管理者作为良师益友，最重要的是要和员工保持健康向上的关系。保持这样的关系，能够使已经在职业生涯中取得进步的管理者和员工共同分享他们成功的经验，使员工远离职业生涯过程中的各种陷阱，帮助员工与组织共同发展，适应组织文化，融入公司环境。

主要参考文献

1. ［英］T.克拉克等：《企业再思考》，上海交通大学出版社，2001 年。

2. IBM 商业咨询事业部：《全球 CEO 调查报告 2004》。

3. ［美］A.钱德勒：《战略与结构》，云南人民出版社，2002 年。

4. 哈佛商业评论：《突破领导力》，中国人民大学出版社，2004 年。

5. ［美］J.布莱克：《领导战略变革》，机械工业出版社，2004 年。

6. ［美］博恩·崔西：《胜利》，电子工业出版社，2003 年。

7. ［美］罗伯特·伯格曼：《战略就是命运》，机械工业出版社，2004 年。

8. ［美］达夫·尤里奇等：《绩效导向的领导力》，中国财经出版社，2004 年。

9. ［美］杰克·韦尔奇：《杰克·韦尔奇自传》，中信出版社，2001 年。

10. ［美］L.史雷特：《复制 GE》，麦格罗·希尔国际出版公司台湾分公司，2000 年。

11. ［美］J.莱克：《丰田汽车案例》，中国财经出版社，2004 年。

12. ［美］R.福斯特：《创新：进攻者的优势》，经济管理出版社，1991 年。

13. ［英］T.美芮顿：《诺基亚的十大秘诀》，台北联经出版公司，2002 年。

14. ［印］康德瓦拉：《创新管理》，华夏出版社，2005 年。

15. 方国健：《海阔天空：我在 DELL 的岁月》，中国财经出版社，2002 年。

16. ［美］迈克尔·科索马罗：《微软的秘密》，北京大学出版社，1996 年。

17. ［美］杨国安等：《学习力》，华夏出版社，2005 年。

18. ［美］亨利·明茨伯格：《明茨伯格论管理》，中国劳动和社会保障出版社，2004 年。

19. ［美］戴维·帕卡德：《惠普之道》，新华出版社，1995 年。

20. ［美］詹姆斯·库泽斯：《领导力》，电子工业出版社，2004 年。

21. ［美］彼得·德鲁克：《卓有成效的管理者》，机械工业出版社，2005 年。

22. ［美］梅瑞迪斯·艾什比：《领导》，辽海出版社，2003 年。

23. ［英］克里斯·帕克：《领导力开发与训练》，机械工业出版社，2004 年。

24. 费欧文：《领导力训练》，中国城市出版社，2003 年。

25. ［美］美国陆军等：《美国陆军领导力手册》，中国社会科学出版社，2004 年。

26. ［美］拉里·杜尼嵩：《西点领导力》，中国社会科学出版社，2004 年。

27. ［美］约翰·索卡：《第一个冲进去，最后一个撤出来》，中国社会科学出版社，2004 年。

28. ［美］莫里·克莱因：《变革者》，中信出版社，2004 年。

29. ［美］大卫·瑞巴科：《情商》，经济管理出版社，2002 年。

30. （清）曾国藩：《冰鉴全录》，中国长安出版社，2003 年。

31. 梁能主编：《公司治理结构：中国的实践与美国的经验》，中国人民大学出版社，2000 年。

32. 施振荣：《再造宏碁》，中信出版社，2005 年。

33. 施振荣：《宏碁的世纪变革》，中信出版社，2005 年。

34. 李建立：《联想再造》，中国发展出版社，2004 年。

35. 郑爱敏：《解读顺驰》，当代中国出版社，2005 年。

36. 田野：《拿破仑·希尔成功学全书》，《经济日报》，1997 年。

37. 周永亮：《华立突破》，中国发展出版社，2002 年。

38. 周永亮等：《本土化执行力模式》，中国发展出版社，2004 年。

39. 周永亮等：《GF06：组织执行力六项实务》，中国发展出版社，2005 年。

40. 周永亮：《中国企业的执行问题》，机械工业出版社，2006 年。

41. 周永亮：《理念方太》，中国发展出版社，2006 年。

42. 作者：《中国制造：超越传统 OEM 模式》，《哈佛商业评论》中文版，2004（6）。

43. 刘东华：《感觉与标准的冲突》，《中国企业家》，2004（4）。

后 记

　　写这本书的过程给作者的感觉是酸甜苦辣俱全。开始动笔的时间是 2004 年年底，而直到今年的 8 月中旬才真正成稿，就是这篇短短的后记，也是责任感很强的编辑催了好几次才写就的。作为一名咨询顾问、一名培训师，又作为一家管理咨询机构的负责人，整天东奔西跑，很少有时间坐来下来安心地写点东西。首先感谢我在国富咨询公司的同事，是他们的大力支持和不断努力，使得这本书的内容得以丰富。他们不仅提了很多的建议，而且做了不少基础性工作。因为这本书的核心内容都来自于我近年来主讲的一门课程《变革领导》。

　　其次感谢听过我讲授这门课的学员们，这门课是清华大学远程学堂的第一门课，学员们非常认真地完成了这门课程，还有清华大学—威尔士大学联合开办的国际 MBA 班学员以及在北京、上海、深圳、广州、成都、连云港等地听过这门课的朋友们。正是他们在听课过程中提出的深刻建议使得这本书的许多观点得以完善或获得验证。

　　最后，我还要真诚地感谢经济管理出版社的编辑同志们，他们的热情、耐心、专业都给了我深刻的印象，也是他们默默而敬业的工作使得本书能够及时面世。

作者于沁春家园

2006 年 12 月 18 日